Manfred Görg
In Abrahams Schoss

Manfred Görg

In Abrahams Schoss

Christsein ohne Neues Testament

Patmos Verlag Düsseldorf

Die Deutsche Bibliothek – CIP-Einheitsaufnahme

Görg, Manfred:
In Abrahams Schoß: Christsein ohne Neues Testament /
Manfred Görg. – 1. Aufl. – Düsseldorf: Patmos-Verl., 1993
   ISBN 3-491-77933-2

© 1993 Patmos Verlag Düsseldorf
Alle Rechte vorbehalten. 1. Auflage 1993
Umschlaggestaltung: Peter J. Kahrl, Neustadt/Wied;
Abbildungen: Umschlagseite 1: Abraham mit den Gerechten im Schoß
(Bamberger Dom)
Umschlagseite 4: Ekklesia und Synagoge (Bamberger Dom)
(Fotos: Ingeborg Limmer, Bamberg)
Gesamtherstellung: Boss-Druck, Kleve
3-491-77933-2

Inhalt

Vorwort

Bischöfin Maria Jepsen hat in einer ihrer ersten Äußerungen nach ihrem Amtsantritt anläßlich rechtsextremer Erfolge in Süddeutschland auf einen Zusammenhang zwischen Nationalismus und Antisemitismus hingewiesen. In diesen Tagen ist vielen im Lande schlagartig bewußt geworden, daß die Warnung mit vollem Recht ausgesprochen wurde. Der Nationalismus ist auf unheilvolle Weise mit dem Antisemitismus, oder besser: Antijudaismus, verknüpft. Aber warum ist das so? Kann es Gründe geben, die die Konstellation nicht nur von der jüngeren Geschichte Mitteleuropas, sondern von dem historischen Selbstverständnis des Christentums her als zwei Seiten der gleichen Medaille ausweisen?

Die Grundurkunde des Judentums ist die Tora, die Christen gewöhnlich und wohl auch weiterhin das »Alte Testament« zu nennen pflegen. Das Schicksal dieses Buches steht für das Schicksal des Judentums. Man hatte es den Eigentümern entrissen und vergewaltigt, indem man es einer »Entjudung« zuführen wollte. Christen wollten probieren, ob sie ohne Anerkenntnis eines Eigenwerts des »Alten Testaments« auskommen könnten. Wissen heutige Christen in besserem Maße einzuschätzen, daß das Testament Jesu das »Alte Testament« war, und keineswegs ein »Neues«, das geeignet wäre, das »Alte« abzulösen.

Kann es demnach überhaupt ein Christsein ohne Altes Testament geben?

Jesus war Jude. Das »Alte Testament« war ihnen Ur-Kunde des Glaubens. Bedarf es daher des »Neuen Testaments«, um vom jüdischen Ursprung her das Christsein zu verstehen und plausibel zu machen? Könnte man sich nicht für heute ein Christentum vorstellen, das sich auf den Standpunkt Jesu stellte, sich grundsätzlich von den Weisungen des »Alten Testaments« her begreifen würde, um so als glaubwürdige Alternative zum mehr oder weniger etablierten Christentum der Konfessionen gelebt zu werden?

Natürlich kann es keine Kirchen ohne Neues Testament geben. Ist es aber undenkbar, ein Christsein ohne Neues Testament, aber auf der Basis des Alten Testaments zu entwerfen, das zugleich eine Partnerschaft mit dem Judentum von heute bedeutete und diesem nicht mehr die Rückkehr in den Schoß der Kirche anempfehlen müßte? Könnte man sich nicht in dem Schoß heimisch und glücklicher fühlen, in dem Abraham, der Vater des Glaubens von Juden und Christen, Menschen der Zukunft unter seinem »Segen« vereinigt?

Die Beobachtungen und Gedanken dieses Buches füllen weder ein »Sachbuch« noch ein Werk der Wissenschaft. Sie wollen zum kritischen Nachgehen und Nachdenken inspirieren, vielleicht auch zum Weitergehen im Sinne Abrahams, in ein Land, dessen Konturen von uns geahnt werden könnten. Für Anregung und Begleitung bei der schriftlichen Umsetzung des »Ansinnens«, das ich im Sommersemester 1992 an der Universität München vortragen durfte, danke ich Frau Ursula Gerst, München, sehr herzlich.

München, im Advent 1992 *Manfred Görg*

Einleitung

Religion im Dialog

Das Christsein ist ins Gerede gekommen. Man fragt nach seiner Rolle in den Gesellschaften unserer Tage, seiner Selbstdarstellung in der Vergangenheit, seinen Perspektiven für die Zukunft, kurz nach seiner Glaubwürdigkeit. Viele, die sich Christen genannt haben und auch noch nennen wollen, finden sich in einer immer mehr von politischen, wirtschaftlichen und sozialen Spannungen zerrissenen Welt vor, deren Not sie scheinbar nichts entgegensetzen können und hilflos gegenüberstehen. Vor allem gegenüber dem nicht zuletzt durch Ideologie und fundamentalistischen Eifer geschürten Zwiespalt in und zwischen den Weltreligionen scheint sich ein verbreitetes Gefühl der Ohnmacht aufzutun, der sich eine bisher nicht gekannte Art von Resignation beigesellt. Es wächst die Angst vor zunehmender Unfähigkeit zu konstruktiven Gesprächen über das, was Menschen zu einer plausibleren Form des Miteinanders der jeweiligen Glaubensformationen und ihrer Koexistenz vor Gott bewegen könnte. Tendenzen zur Ausgrenzung scheinen sich mehr Gehör verschaffen zu können als Bemühungen um Integration. Christen leiden an dem Zweifel daran, ob es ihnen je gelingen könne, zugunsten einer zukünftigen Zeit des globalen und interreligiösen Miteinanders ein Wörtchen mitzureden.

Mangelnde Potenz und Kompetenz der Christen im interreligiösen Nebeneinander beobachten Christen und Nichtchristen auch deswegen, weil sich die Christenheit noch immer, immer wieder und zuweilen mit unerwarteter, ja unvorstellbarer Aggressivität in den eigenen Reihen erschöpft und aufreibt. Die offiziellen und gewiß wohlmeinenden Stimmen aus dem jeweils eigenen Lager scheinen dazu nicht gerade angetan, die Hoffnung auf ökumenische Solidarität untereinander wachsen zu lassen, um so mit einem vertretbaren Grad an eigener Belastbarkeit in die Diskussion mit anderen Religionen einzusteigen. Die meist schlecht getarnte Unsicherheit

11

über die eigene Identität verbindet sich mit der Furcht vor dem Versagen oder versteckt sich gar hinter amtlichen Deklamationen und Konstitutionen ohne verbindliche Wegweisung für die konkrete Praxis. Es scheint, daß ein grundsätzliches Defizit im Selbstverständnis der eigenen Beziehung zur Religion überhaupt besteht.

Noch immer liegt die Versuchung nahe, das Christentum als Trans-Religion zu begreifen, der zugleich ein Richteramt über die weltweiten Ansprüche des Religiösen überhaupt zukomme. Ist die Nabelschnur, die das Christentum mit anderen Religionen verbindet, tatsächlich so dünn?

Trotz aller Widerstände muß es bei der Einsicht bleiben, daß Öffnung und Orientierung hin zu den Weltreligionen der Gegenwart unverzichtbares Postulat für ein Christentum der Gegenwart und Zukunft sind. Besonders ist die Intensivierung des Kontakts zu den Nachbarreligionen des Judentums und des Islams gefordert, weil sich die Geschichte des Christentums unlösbar mit der Geschichte beider verbindet. Weil dies eine leidvolle Geschichte ist, sollte sie mit größter Behutsamkeit und Würdigung der jeweiligen Traditionen, freilich mit der Aufrichtigkeit, die jede Begegnung nötig macht, bedacht werden, damit sie die Chance bekommt, zu einer neuen Qualität zu finden. Unter dem gemeinsamen Patronat Abrahams, Vater des Glaubens in allen drei Weltreligionen, sollte der Weg zu einer kritischen Solidarität beschritten werden können.

Judentum im Gespräch

Ich denke bei der Begegnung der Religionen insbesondere an die Begegnung mit dem Judentum. Wir wissen natürlich, daß diesbezügliche Aktivitäten sehr zahlreich sind aus den besonderen Gründen, die hier nicht eigens zu erläutern sind. Es finden immerzu Begegnungen statt, Besuche her und hin. Das sogenannte christlich-jüdische Gespräch ist formal im Gang. Es gibt Jahr für Jahr die »Woche der Brüderlichkeit«, es gibt die »Buber-Rosenzweig-Medaille«, es gibt Einladungen an Juden in aller Welt, ihre frühere deutsche Heimat aufzusuchen, wobei es immer wieder zu bewegenden Kontakten kommt. All diese Aktivitäten sind uns hinlänglich bekannt. Trotzdem dürfen wir fragen, wieweit denn die schweigende Mehrheit in den Kirchen davon betroffen ist. Wie steht jeder einzelne Christ in seiner persönlichen Grundhaltung zum Judentum? Da mag sich der eine oder andere mehr oder weniger engagieren. Außerordentlich viel geschieht in der »Aktion Sühnezeichen« und manchen gleichgerichteten Gruppierungen. Wieweit ist aber in der Kirche außerhalb öffentlicher Bekundungen, Erklärungen und Dokumentationen manifest, was Christen an das Judentum bindet? Wäre es nicht an der Zeit, Erfahrungen im Austausch mit dem lebendigen Judentum in alle Ebenen des kirchlichen Lebens hineinzutragen, so daß das christliche Bewußtsein zu einem Innewerden der umfassenden Verschwisterung mit dem Judentum erweitert wird? Dann hätten wir es nämlich nicht mehr nur mit den »älteren Brüdern« zu tun, die gewissermaßen schon aus dem Haus gewachsen sind, sondern mit leibhaftigen Geschwistern, mit denen wir am gleichen Tisch sitzen dürfen.

Das »Alte Testament«: Ur-Kunde des Glaubens

Sollte man nicht eigentlich erwarten, daß im christlichen Gottesdienst selbst viel stärker dieses christliche Grundverhältnis reflektiert würde? Ist der Verlauf, die Gestalt des Gottesdienstes in vieler Hinsicht nicht schon verräterisch? Ich wähle hier als Beispiel den Gottesdienst, weil er *das* Ausdrucksvermögen und *die* Selbstdarstellung der christlichen Gemeinschaft in der Liturgie ist. Gerade da sollte sich doch ganz deutlich diese Berührung und Verbindung ereignen, die uns mit dem Judentum und der gemeinsamen Grundurkunde, dem sogenannten »Alten Testament«, nahegelegt wird.

Was spüren wir aber davon im Gottesdienst? Ich möchte auf einen eklatanten Widerspruch aufmerksam machen. Wir stehen beim Evangelium, wir stehen, wenn wir aus den Kindheitsgeschichten, den Wunderberichten oder den Gleichnisreden hören; wir stehen, wenn wir die Synoptiker hören oder das so schwierige Johannesevangelium; wir stehen, wenn wir etwas vermittelt bekommen, was in den Mund Jesu hineingelegt wird oder wir stehen, wenn wir ursprüngliche Jesusworte in der Verpackung der Urgemeinde anhören. Aber wir sitzen, wenn wir Reden aus dem »Alten Testament« hören, die Israel seinen Gott sprechen läßt. Wir pflegen zu sitzen, wenn wir ein Prophetenwort vernehmen. Wir bleiben sitzen, wenn wir eine eschatologische Verheißung hören. Wenn wir nicht ganz gleichgültig diesen Texten gegenüberstehen, dann muß uns das eigentlich über unsere Grundhaltung zu denken geben. Wann erfahren wir die gleiche Aufmerksamkeit, wie wir sie neutestamentlichen Texten schenken, dieser Grundurkunde gegenüber, die für Christen und Juden gleichermaßen bedeutungsvoll sein muß? Wann erfahren wir etwas von dieser Grundurkunde im Verlauf des Gottesdienstes, in Predigt, Gebet und Meditation? Ich möchte keine Statistik aufstellen müssen, wie oft biblische Texte des »Alten Testaments« im Binnenleben der Christen thematisiert werden, wie häufig sie überhaupt in der persönlichen Glaubenspraxis eine Rolle spielen.

Ich könnte mir sogar vorstellen, daß Umwege in Kauf genommen werden, die sich auf das scheinbar Wichtigere konzentrieren wollen, auf den unmittelbaren Zugang, die Direktroute auf den Gipfel des Neuen Testaments. Unsere Eile ist verräterisch. Eine gewisse Rehabilitation des »Alten Testaments« sparen wir uns auf bestimmte Zeiten des Kirchenjahres auf, die Advents- und Fastenzeit, um eine grobe Vernachlässigung zu vermeiden. Die wechselnden Lesepläne sehen zwar die Möglichkeit des Vortrags alttestamentlicher Texte vor, aber wer hält sich schon daran? Eine wirkliche Integration dieser Basisurkunde findet nicht statt.

Ich möchte unser Gespür dafür wecken, daß es nötig sein kann, sich direkt vom »Alten Testament« her inspirieren zu lassen und nicht die Brille des »Neuen Testaments« aufzusetzen, um das »Alte« zu verstehen. Das hat das »Alte Testament« nicht nötig. Es geht darum, direkt auf den Wortlaut und den Inhalt zu schauen, um zu erkennen, daß es sich hier um Einsichten in das Verhältnis des Menschen zu Gott, menschlicher Gemeinschaften zu Gott handelt, die unmittelbar für uns relevant sind. Ich möchte von einer direkten Einredequalität des »Alten Testaments« in unsere christliche Gemeinschaft reden dürfen.

Das Neue Testament, so hat es Josef Ziegler, ein bekannter Septuaginta-Forscher aus Würzburg, einmal formuliert, sei der »älteste und beste Kommentar zum Alten Testament«. Das hört sich extrem und provozierend an, ist aber zutreffend.

Auf der anderen Seite findet man natürlich die vielen Urteile, die eine Zäsur zwischen dem »Alten« und dem »Neuen Testament« setzen mit der Behauptung, daß erst durch Christus die wahre Gottesbeziehung aufgedeckt worden sei und das »Alte Testament« im Grunde in den Keller der Gläubigen gehöre, aber nicht auf den Tisch des Hauses. Es dürfe eigentlich nicht die normale, den religiösen Menschen begleitende Lektüre sein. Dieses Vorurteil hat eine lange Tradition. Wir werden auf einige Schwerpunkte zu sprechen kommen.

Zwischen diesen beiden Polen bewegt sich die Überlegung, was denn nun wirklich das »Alte Testament« für den Christen bedeutet. Ich glaube allerdings nicht, daß alles, was dazu zu sagen ist, zwischen diesen beiden Grenzwerten oder Grenzaussagen eingefangen oder postiert werden kann, denn die Dimensionen, die in dieser Grundurkunde, dem »Alten Testament« enthalten sind, übersteigen zum Teil auch das, was im »Neuen Testament« ausgesagt wird. Anders gesprochen, es ist längst nicht alles im »Neuen Testament« reflektierend eingeholt, was im »Alten Testament« vorgegeben ist. Das bedeutet, wir haben noch Freiräume von Religiosität und religiösem Ausdruck zu entdecken und zur Sprache zu bringen, die im »Neuen Testament« nicht zur Geltung kommen. Es gibt tatsächlich Ausdrucksformen von Humanität und von menschlichem Miteinander, von Zukunftsorientierung, von radikaler und trotzdem gläubiger Diesseitigkeit, die wir so im »Neuen Testament« nicht verankert finden. Ich denke, wir dürfen das ganz unverblümt in unser christliches Leben hineintragen, weil dieses Zeugnis des »Alten Testaments« eben nicht durch das »Neue Testament« überholt wäre oder unbedingt bestätigt werden müßte, sondern einen bleibenden und unmittelbaren Anspruch hat, von dem immer wieder die Rede sein muß.

Wie kommt es eigentlich, daß sich die Christenheit trotzdem mit dem »Alten Testament« so schwer tut? Mit dieser Frage haben wir den ersten Abschnitt erreicht.

1. Teil
Christsein ohne Altes Testament?

I. »BUND« – BINDUNG – VERBINDLICHKEIT

Noch einmal unsere Frage: Warum haben wir Christen solch große Schwierigkeiten, mit dieser Grundurkunde Israels so selbstverständlich umzugehen, umgehen zu lernen, daß sie ein integraler Bestandteil unserer religiösen Sprache wird? Was macht uns Zugang und Umgang so schwer? Ist es der Schriftcharakter, die literarische Problematik, die sich vielleicht von Zeile zu Zeile dem Verständnis entgegenstellt, dem unmittelbaren Verständnis? Ist es die exotische orientalische Welt, die uns so weit entfernt scheint oder sind es nicht vielmehr simple Vorurteile, eine Unmenge von Hemmschwellen, mentalen Hindernissen, die sich da auftürmen?

Es sei hier ein anderer Weg gewählt, einen primären Zugang zu schaffen.

1. Bilder und Geschichten

Marc Chagall: Die Bibel im Bild

Einer der bedeutendsten Künstler, der alttestamentliche Themen im Medium des Bildes bekannt und ausgedrückt hat, ist Marc
Chagall. Es gibt kaum einen Künstler, der in dieser begnadet-man-
nigfaltigen Weise biblische Themen ausgeführt hat.

Ein Zitat von Marc Chagall mag seine Bibelauffassung verdeutlichen:

»Seit meiner frühesten Jugend hat mich die Bibel gefesselt.
Die Bibel schien mir – und scheint mir heute noch – die reichste
poetische Quelle aller Zeiten zu sein. Seither habe ich ihr Abbild im
Leben und in der Kunst gesucht. Die Bibel ist wie ein Nachklang der
Natur und dieses Geheimnis habe ich weiterzugeben versucht. Ich
habe mich auf das große universelle Buch, die Bibel bezogen. Seit
meiner Kindheit hat sie mich mit der Vision des Weltschicksals
erfüllt und mich bei meiner Arbeit inspiriert. Wenn ich zweifelte,
hat mich ihre Größe und hochpoetische Weisheit beruhigt. Sie ist
wie eine zweite Natur für mich. Ereignisse im Leben und Kunstwerke sehe ich durch die Weisheit der Bibel. Ein wahrhaft großes
Werk ist durch ihren Geist und ihre Harmonie geprägt. Ich bin
sicher nicht der einzige, der so denkt, vor allem heutzutage. Da der
Geist und die Welt der Bibel in meinem Inneren einen großen Platz
einnehmen, versuche ich sie auch auszudrücken. Es ist wichtig, die
Elemente der Welt, die nicht sichtbar sind, darzustellen und nicht
die Natur in ihren Erscheinungen zu reproduzieren.«

(Berthold Roland (Hrsg.), Marc Chagall, Die Bibel, Mainz 1990, S. 25.)

Das sind beeindruckende Worte aus dem Selbstbekenntnis Marc
Chagalls zur Bibel.

Ich denke, daß die beiden Qualifikationen, die Bibel als »reichste poetische Quelle« und die Bibel als »Nachklang der Natur«, ein
großes Gewicht haben sollten, denn bei Marc Chagall beeindruckt

uns doch immer wieder die außerordentliche Farbigkeit. Das meine ich jetzt nicht nur dem äußeren Eindruck nach, sondern auch im Blick auf die verborgene Sensibilität, die Mannigfaltigkeit der Beobachtungen. Dieses Farbspektrum möchte ich auf mehreren Ebenen wahrnehmen. Zunächst auf der Ebene der Schöpfungsbegegnung. Es besteht gar kein Zweifel daran, daß kaum jemand so sehr die Nähe zur Schöpfung artikuliert hat, wo sie sich in der Bibel ausspricht, wie Marc Chagall. Zugleich sehe ich bei Marc Chagall schöpferische Phantasie in der Gestaltung des Lebendigen, insbesondere der Tiere und des Menschen. Es ist keineswegs eine monotone Skizzierung zu erkennen – es sind Varianten darin, die bezeichnend sind. Bei näherem Zusehen entdeckt man sie – eine Originalität in der Vermittlung von Leben, die gerade dadurch, daß sie Leben vorstellt, aufs neue den Kontakt zur Schöpfung herstellt und die Schöpfung zum Grundthema werden läßt. Eine dritte Ebene erkenne ich in den Visionen der Darstellung Israels und damit jenes Volkes, in dem sich Marc Chagall zuhause fühlt, dem er angehört und das sich durch das Alte Testament eine Lebensäußerung verschafft hat und sich dort wiederfindet.

Wir wissen, daß Marc Chagall durch seine Zugehörigkeit zu Israel auch mit den geschichtlichen Themen Israels immer aufs neue konfrontiert worden ist und sie auch in seinen Darstellungen reflektiert. Es ist eigentlich die Spezifikation seiner Nähe zur Schöpfung, die sich dann in seiner Nähe zu dem, was Israel erlebt hat, widerspiegelt. Da gibt es im Grunde keine Trennung oder keine Brüche – auch das Erlebnis des geschichtlichen Israel ist eingebettet in das Erlebnis der Schöpfung. Christen machen neuerdings gern einen Unterschied zwischen Schöpfungsorientierung und Geschichtsorientierung. Ich kann dem nicht ganz folgen, denn der Schöpfergott ist auch an dem Menschen und seiner Geschichte interessiert. Das sind keine verschiedenen, voneinander zu lösenden Ebenen. Ich denke, daß Marc Chagall den Weg von der Schöpfungserfahrung bis hin zu dem, was Israel in seiner so an Extremen reichen Geschichte erlebt hat, mitgegangen ist und gestaltet hat. Chagall hat hier eine Brücke zwischen Schöpfung und Geschichte geschaffen.

Woran liegt es aber nun, daß uns diese künstlerischen Darstellungen bedeutend attraktiver erscheinen, als vieles, was wir im

20

Tafel 1

Alten Testament in Wort und Schrift vor Augen haben? Wieso haben wir durch die Sprache des Künstlers einen unmittelbareren Zugang? Darauf läßt sich vielleicht eine einfache Antwort finden. In unserem seelischen Vermögen werden wir anders berührt, als wenn wir nur auf dem Wege des rationalen Entgegennehmens mit Informationen des Alten Testaments konfrontiert werden. Schon allein der Ausdruck »konfrontiert« ist eine Verengung der Form von Begegnung. Die Begegnung mit der Dimension der bildlichen Deutung hat von vornherein eine ganz andere Tiefe, so möchte es uns scheinen, so daß uns Wirklichkeiten, wie sie in Israel lebendig sind, unmittelbarer eingehen und aufleuchten.

Ich habe ein Bild von Marc Chagall vor Augen aus dem Zyklus der Glasfenster in der Synagoge des Hadassah-Krankenhauses in Jerusalem (Taf. 1). Ich denke an das Fenster mit der Darstellung des Stammes Levi, das in einem gelben Grundton gehalten ist. Was sofort an diesem Fenster auffällt, ist die Darstellung der Gesetzestafeln, die bei Marc Chagall immer wieder in dieser oder jener Variante vorkommen. Die Strenge der Gesetzestafeln ist geradezu das Gegenstück zu dem, was man sonst an schöpferischen, aufbauenden, faszinierend phantasievollen Motiven in Chagalls Bildern vorfindet. In diesen Gesetzestafeln konzentriert sich für Marc Chagall das Unverwechselbare des Judentums, die Konzentration auf das Wort Gottes, das nicht der Verschönerung oder eines ästhetischen Zugangs bedarf, sondern das seine radikale Eindrücklichkeit durch sich selber gewinnt. Die Gesetzestafeln – der symbolische Ausdruck für das ansprechende aber zugleich auch kritische, das richtende und aufrichtende Wort Gottes.

Wir dürfen nicht aus dem Blick verlieren, wenn wir Kunstwerke von Chagall erleben wollen, daß inmitten dessen, was sich an Überbrückung zu uns hin, an lebendiger Kontaktnahme, an Hineinfinden in die Farbigkeit ereignet, das unverrückbare Wort der Tora steht, das Wort, das nicht nur gesprochen, sondern auch handgreiflich übertragen und getragen werden kann, eben wie Mose die Gesetzestafeln von Jahwe empfängt und vorträgt – ein Motiv, das Chagall mehrfach bildlich ausgedrückt hat. Ein umfassender Transfer also, ohne daß aber bei dieser Toravermittlung irgendetwas geändert, eliminiert oder eigenwillig ergänzt werden darf. Das ist das unverrückbare und in seiner Treue zu

Israel und zum Judentum letztlich unzerstörbare Ja der Stimme Gottes. Diese Gewißheit vermittelt sich dem gläubigen Menschen in einer eigentümlichen Doppelgesichtigkeit. Es ist das Faszinierende, das in der Schöpfung aufleuchtet und in der Begegnung mit dem Schöpfergott wahrgenommen wird; es ist das Faszinierende, das in der Begegnung mit den Tieren und den Menschen aufscheint; es ist das Faszinierende, das in der Begegnung mit der Selbstdarstellung Israels in seinen Repräsentanten, in seinen Vätern und Propheten zur Geltung kommt.

Wir begegnen aber auch dem Tremendum, dem erregenden Eindruck, der erzittern macht. Es ist die majestätische Gegenwart des letztlich Unnahbaren und die machtvolle Dynamik dessen, der über Leben und Tod gebietet. Wir müssen uns mit dieser Spannung in der Erfahrung des biblischen Gottes, wie sie auch im Bild des Stammes Levi zum Tragen kommt, anfreunden und lernen, sie zu reflektieren, denn diese Spannung im Alten Testament ist substantiell durch Jesus nicht ad absurdum geführt worden, im Gegenteil, die Tiefe der Gotteserfahrung in dem unauslotbaren Ineinander von Nähe von Ferne gewinnt durch ihn immerzu neue Aktualität.

Levi: Glaube auf Probe

Die Darstellung des Glasfensters kann für uns eine Brücke sein, um zu einem besseren Verständnis des Spruches über Levi zu gelangen, der im sogenannten Mosesegen enthalten ist (Dtn 33,8–11). Die Dynamik des Bildes erleichtert uns den Zugang zu den Dimensionen dieses Spruches, mit dessen Wortlaut wir uns zunächst vertraut machen wollen:

»Für Levi sagte er:

Levi hat deine Tummim erhalten, deine Urim dein treuer Gefolgsmann, den du in Massa auf die Probe stelltest, mit dem du strittest am Wasser von Meriba; der von seinem Vater und von seiner Mutter sagte: Ich habe beide nie gesehen!, und der seine Brüder nicht erkannte und von seinen Kindern nichts wissen wollte. Denn die Leviten haben auf dein Wort geachtet – nun wachen sie über deinen Bund.

Sie lehren Jakob deine Rechtsvorschriften, Israel deine Weisung. Sie legen Weihrauch auf, damit du ihn riechst, legen das Ganzopfer auf deinen Altar.

Segne, Herr, Levis Besitz, freu dich am Werk deiner Hände! Zerschlag seinen Feinden die Hüften, seinen Hassern, so daß sie sich nicht mehr erheben«.

Ohne hier bereits auf Differenzierungen einzugehen, die sich mit der literarischen Analyse ergeben, soll der erste Eindruck dieser verdichteten Bekenntnisaussage über Levi zu seinem Recht kommen.

Der Ausspruch ist als Rede an Gott gefaßt, stellt also die Charakteristik des Stammes schon äußerlich in den Dienst einer Erklärung zum Wirken Gottes an Israel. Näheres Zusehen scheint Unvereinbares aneinanderzufügen. Da ist gleich zu Anfang von den Urim und Tummim die Rede, deren Funktion unter geheimnisvollem Verschluß bleibt, von einem sonst nicht erwähnten Streit an den Wassern von Meriba, von der absoluten Distanzierung Levis zu allem, was Verwandtschaft heißt, und das alles soll Ausdruck der besonderen Wächterrolle über das Verhältnis Gott – Mensch sein. Dazu soll Levi gleichermaßen in der Lehre der Tora, wie auch in der Darbringung des Opfers seinen Mann stehen. Trotz dieser Aufgabe im öffentlichen Leben wird Levi das Recht auf Besitz zugesprochen, der sich des Segens Gottes erfreut. Irritierend ist nicht zuletzt die Bitte um Zerschlagung der Feinde des Stammes. Alles in allem haben wir es mit einer Art Manifest zu tun, das vor dem Leser und Hörer ein Textbild ausbreitet, das aufs erste einer Serie von bekannten Vorurteilen Nahrung zu geben scheint. Da hat man den Eindruck, den Extremisten in der Frömmigkeit und radikalen Parteigängern Gottes komme die eigentliche Sympathie Israels zu ohne Rücksicht auf die Bedürfnisse der Menschlichkeit. Den treuen Gottesdienern gebühre Wohlergehen, den Gegnern sei existentielle Vernichtung vorbehalten.

Was tut Israel, wenn es so über seine berufenen Vertreter vor Gott, damit über sich selbst und sein Gottesverhältnis spricht? Es versteht seine Existenz als Erprobung vor Gott, vor dem und mit dem ein exemplarisches Leben der ungeteilten und unteilbaren Verantwortung unter der Würde und Bürde von Segen und Fluch zu leben ist.

Chassidim: Gelebte Geschichten

Marc Chagall gehört zum osteuropäischen Judentum. Er fühlt sich besonders verbunden mit dem »Chassidismus«, der frommen Ausrichtung des Judentums. Das Wort »Chassidim« hängt zusammen mit dem hebräischen Wort *chaesaed*, d. h. Gnade oder Güte. Damit zusammen hängt der Ausdruck *chasid* (Chasid), das ist der gerechte oder der fromme Mensch, der unter der Gnade, der Güte Gottes steht und daraus lebt. Der Chasid – ein Ehrenprädikat, das wir bereits im Alten Testament finden und zwar gerade im bereits zitierten Levispruch. Mustergültiger Chasid ist Mose als Ahnherr des Levitentums. In Erinnerung an ihn kann sich eine eigene Gruppe innerhalb des Judentums mit immer wieder neuen Gesichtern und Verbreitungszonen unter der Bezeichnung Chassidim definieren. Die große Stunde der Chassidim ist mit der äußerlichen Bedrohung und Entfremdung vom Gottesglauben gekommen, die Israel und vor allem dem Judentum zu schaffen macht. In der Zeit der hellenistischen Überfremdung, in der Makkabäerzeit treten die »Hasidäer« (Asidäer) auf, die *Asidaioi,* wie sie in den ersten beiden Makkabäerbüchern heißen. Diese »Hasidäer« sind die »Chassidim« des Alten Testaments und haben ihre Nachgeschichte. Sie sind bis in unsere Zeit hinein vertreten in den Gruppierungen, die sich ein besonderes Merkmal der Gotteszugehörigkeit gegeben haben und in die Tiefen der Schrift eindringen und danach leben wollen – die Frommen und Gerechten, in des Wortes weitestem Sinn.

Chagall hat durch seine Nähe zu den »Chassidim« offenbar über die Kontaktebene verfügt, um Menschen mit einem Bedürfnis nach intensiver Gottesnähe im Bild anzusprechen und sie in ihrer Grundbefindlichkeit vor Gott zu treffen, um sie so zugleich mit dem Grundgeheimnis jüdischer Frömmigkeit vertraut zu machen.

Als Exemplarfall des »Armen Jahwes« gilt Mose. In seinem Gefolge stehen alle diejenigen, die sich nicht an Selbstbestätigung klammern, sondern die »um Gottes willen« existieren wollen, d. h. die »Armen im Geiste« (ptochoi to pneumati Mt 5,3), deren Gemeinschaft schon nach alttestamentlicher Perspektive die Gegenwart eines neuen Bundes ausmacht.

So verstehen sich die Chassidim als unbedingte, unbeirrbare Getreue Jahwes. Die der chassidischen Überlieferung eigentümliche Sphäre der Gottbegegnung in erlebten Geschichten ist vielfach dokumentiert worden und soll hier mit charakteristischen Proben vorgestellt werden. Eine Geschichte aus den »Chassidischen Erzählungen« Martin Bubers stehe als erstes Beispiel.

»Einst betete an einem Neumondtage der Baalschem das Morgengebet an seinem Platz mit; denn erst von den Lobgesängen an pflegte er vor das Pult zu treten. Da zitterte er und verfiel in ein großes Zittern. Wohl kannte man dergleichen an ihm beim Beten; aber stets war es nur wie ein leichtes Schüttern des Leibes, jetzt aber brach es übergewaltig aus.

Als der Vorbeter geendet hatte und der Baalschem an seine Stelle treten sollte, sah man ihn stehenbleiben und übergewaltig zittern. Ein Schüler näherte sich ihm und blickte ihm ins Gesicht: es brannte wie eine Fackel, die Augen waren weit offen und starr wie bei einem Sterbenden. Der Schüler trat mit einem andern zu ihm; sie faßten ihn an den Händen und führten ihn zum Pult. Davor stand er und zitterte und sprach zitternd die Lobgesänge, und nachdem er das Heiligungsgebet gesprochen hatte, blieb er stehen und zitterte noch eine Weile, und man mußte mit der Lesung der Schrift warten, bis es von ihm gewichen war.«

(Martin Buber, Die Erzählungen der Chassidim, Zürich 1987, S. 129.)

Das Phänomen der körperlichen Inanspruchnahme, der leibhaftigen Erschütterung, kurz der »Ek-Stase«, also des Heraustretens aus sich selbst, mithin das Prophetische in biblischer Tradition, ist das Außergewöhnliche am Vorgang des Ergriffenseins vor Gott. In der Mystik noch bewahrt, ist die exzentrische Gottesbekundung nicht gerade Kennzeichen zeitgenössischer Selbstdarstellung des Christentums. Ist dies der eigentliche Grund, weshalb die Lebendigkeit im chassidischen Glaubensausdruck eine so unvergleichliche Attraktivität besitzt? Es scheint als sei die »Inkarnation« der Erschütterung vor Gott eine in Vergessenheit geratene Glaubenserfahrung geworden, der sich das Christentum in merkwürdiger Abstinenz entzogen hat, um nur ja nicht den Anschluß an das

»Turmerlebnis« des allzeit gnädigen Gottes zu verlieren. Aber ist nicht auch dieses Erlebnis ein erschütterndes Erlebnis?

Eine weitere, noch bekanntere chassidische Geschichte, die hier nur in Erinnerung gerufen sei, erzählt in geradezu drastischer Weise von der Verwandlungsfähigkeit und mitreißenden Aktivität des Umgangs mit dem Wort der Tora.

»Man bat einen Rabbi, dessen Großvater ein Schüler des Baalschem gewesen war, eine Geschichte zu erzählen. ›Eine Geschichte‹, sagte er, ›soll man so erzählen, daß sie selber Hilfe sei.‹ Und er erzählte: ›Mein Großvater war lahm. Einmal bat man ihn, eine Geschichte von seinem Lehrer zu erzählen. Da erzählte er, wie der heilige Baalschem beim Beten zu hüpfen und zu tanzen pflegte. Mein Großvater stand und erzählte, und die Erzählung riß ihn so hin, daß er hüpfend und tanzend zeigen mußte, wie der Meister es gemacht hatte. Von der Stunde an war er geheilt. So soll man Geschichten erzählen.‹«

(Martin Buber, Die Erzählungen der Chassidim, Zürich 1987, S. 6.)

2. Dimensionen des Bundes

Das Alte Testament, vermittelt durch die Sprache der Bilder und auch durch attraktive Geschichten – ist das der Weg, der uns das Alte Testament näher bringen kann oder uns dem Alten Testament näher bringt? Liegt es daran, daß Bilder wie etwa von Marc Chagall in ihrer Attraktivität uns eine Brücke schaffen zum Alten Testament, zu alttestamentlichen Inhalten? Trifft es auch für die chassidischen Geschichten zu, daß sie es leisten können, den Übergang von unserer Situation in biblische Lebensorientierung zu vermitteln? Woran liegt es, daß diese beiden Wege, der Kunst und der literarischen Weiterbereitung, uns so sehr zusagen, daß uns aber der unvermittelte Zugriff auf alttestamentliche Texte so viel Schwierigkeiten macht? Nun ist es ganz gewiß nicht das Alte Testament, das Schuld daran trägt, daß wir es nicht verstehen oder daß wir Verständnisprobleme haben. Es ist vielmehr so, daß uns möglicherweise der Schlüssel fehlt, uns Christen insbesondere, um die Türen aufzumachen, die sich in diesem Gebäude befinden, mit seinen Schatzkammern, mit seinen Erholungsräumen, aber auch mit seinen Zimmern, in denen disputiert und gestritten werden muß, um die gesamte Vielfalt des alttestamentlichen Lebens aufzuspüren. Dazu brauchen wir eine Handreichung.

Anspruch

Unser erster Themenbereich, »Bund« – Bindung – Verbindlichkeit, zielt letztlich auf ein plausibles Verständnis von Verbindlichkeit. Bekanntlich hat Verbindlichkeit eine doppelte semantische Nuancierung. Wir reden von einem verbindlichen Ton, meinen damit einen besonders höflichen Stil – er redet in verbindlicher Weise –, auf der anderen Seite leisten wir verbindlich eine Unterschrift, geben verbindliche Erklärungen. Das ist alles andere als pure Höflichkeit, da geht es um rechtliche Dinge – ich sage verbindlich zu und dergleichen mehr – also durchaus eine zweifache Orientierung in der Semantik dieses Wortes. Es ist einmal etwas Attraktives und es ist zum anderen etwas, was nicht nur attraktiv ist im äußeren Sinn, sondern auch im wörtlichen Sinn von attraktiv: es zieht an und bindet zugleich.

Es scheint so, daß viele Probleme beim Zugang zum Alten Testament darauf beruhen, daß man diesen Doppelcharakter von Verbindlichkeit nicht voll auslotet. Das betrifft im übrigen die ganze Schrift. Wir sind nicht nur beim Alten Testament, sondern auch beim Neuen Testament vor diese Verbindlichkeitsfrage gestellt, die wir allerdings beim Neuen Testament gelassener beantworten, weil wir es ohne Zurückhaltung als Grundurkunde christlichen Glaubens akzeptieren. Bei näherem Zusehen aber zeigt sich, daß das Neue Testament durch und durch befrachtet ist mit alttestamentlicher Denk- und Vorstellungsweise, daß das Problem der Verbindlichkeit sich auch auf neutestamentliche Texte erstreckt. Auch im Neuen Testament ist nicht alles so attraktiv, wie es auf den ersten Blick erscheinen möchte.

Ich will die Konsequenzen ganz kurz andeuten. Christen sind derzeit gern bereit, das Neue Testament so zurechtzuformen, daß ein Jesusbild erscheint, das unseren augenblicklichen Hoffnungen und Wünschen möglichst nahesteht. Wenn man gewissermaßen in einem kühnen Schnitt aus der Selbst- und Fremddarstellung Jesu alle Rede von eingreifender Gewalttat, Gericht und Endzeit etwa, eliminiert und sagt, wir hätten es von Haus aus mit einem Jesus der verstehbaren Güte und reinen Menschenfreundlichkeit zu tun, der genau den Wünschen und Vorstellungen eines menschliche Nähe suchenden Menschen entspräche, dann haben wir Jesus so geformt, wie wir ihn gerne hätten.

In der gegenwärtigen theologischen und nichttheologischen Literatur kann man gelegentlich den Eindruck haben, wie wenn nur *der* Jesus des Neuen Testaments uns nahe wäre, uns Verbindliches sagen könne, den wir zuvor idealisiert und aus dem wir alle etwas problematischen Züge entfernt haben. Denn wie wollte man heutzutage von einem Jesus reden, der in apokalyptischer Manier vom Gericht redet oder vom Endgericht der Auseinandersetzung zwischen gut und böse. Die Exegese ist längst noch nicht so weit, diese apokalyptischen Noten aus der Botschaft Jesu auszuklammern. Sie

wird auch nicht so weit kommen. Wir können z. B. das Matthäusevangelium nicht dahingehend purifizieren, daß wir den Jesus so
zurechtformen, wie wenn er nicht vom Gericht gesprochen hätte.
Wir sehen, auch das Neue Testament birgt genügend Herausforderungen.

Es sieht so aus, daß das Alte Testament den Christen um so mehr
vor die Entscheidung stellt: Mühst du dich um die wahren Perspektiven dieser Texte oder gibst du dich mit einem vorläufigen Urteil
über das, was attraktiv ist und das, was weniger sympathisch ist,
zufrieden? Wir Christen sind herausgefordert, den anstrengenden
Weg in die Aussageebenen des Alten Testaments hineinzugehen.

Wir wollen noch einmal auf den bereits angesprochenen Text
zurückkommen und ihn zur Grundlage weiterer Überlegungen
machen:

Es geht um den Spruch über Levi aus Dtn 33,8–11.

Dieser Text war uns deswegen schon wichtig geworden, weil in
ihm von einem *chasid* die Rede ist, jenem Terminus, der den besonders getreuen und natürlich erwählten, in seiner Verhaltensweise
frommen Menschen bezeichnet. Die Einheitsübersetzung gibt diesen Ausdruck, mit »treuer Gefolgsmann« wieder. Das ist eine sehr
blasse Übersetzung. Mit *chasid* ist im Grunde der Repräsentant der
Treue zu Jahwe gemeint. Wir haben schon angedeutet, daß als
ursprünglicher *chasid* im Levispruch wahrscheinlich Mose gilt. Wer
zu diesem Getreuen gehört, ist Angehöriger des Stammes Levi.

Altes (?) Testament (?)

Ein zweiter Schwerpunkt in diesem Spruch ist die Rede von
b· rit.

B· rit, der Ausdruck für Bund? Die Übersetzung »Bund« ist die
geläufige und uns vertraute, vor allem deswegen, weil wir ja auch
vom »Alten« und »Neuen Bund« sprechen. Schon diese Klassifika-
tion hat es in sich, denn sie definiert etwas als alt und etwas als neu.
Sie setzt einen bestimmten Bund als vergangen, so scheint es jedenfalls, und setzt dafür einen neuen als nunmehr verbindlich an. Noch
radikaler ist das Verständnis, wenn wir an die übliche Auslegungsweise vom Alten und vom Neuen Testament denken.

Dieses Wort *b· rit* wird in der Septuaginta mit *diathéke* wiedergegeben, im Lateinischen häufig mit *testamentum,* und daher kommt der Ausdruck Testament. Testament hat aber für uns heutige Menschen einen mehr rechtlichen Charakter. Wir denken sofort an erbrechtliche Vorgänge. Das hat Unbehagen hervorgerufen, wie man sich leicht vorstellen kann. Warum sollte die Bibel mit einem vorwiegend rechtlichen Begriff belegt bleiben? Sollte man nicht einen anderen Ausdruck wählen? Müßte man nicht davon abkommen, von zwei Testamenten zu sprechen, um dafür eine Bezeichnung zu wählen, die der Zusammengehörigkeit der beiden Schriftdokumente, der beiden Sammlungen eher entspräche? Ich möchte jetzt nicht im einzelnen all die Erwägungen vorstellen, die versucht haben, die Bezeichnung »Altes Testament« zu ersetzen. Nur die wesentlichen seien genannt.

Man möchte heutzutage gern von der »Jüdischen Bibel« sprechen. Da hätte man aber Probleme, wenn man an die sogenannten deuterokanonischen oder apokryphen Schriften denkt. Eine andere Möglichkeit ist, von der »Hebräischen Bibel« zu sprechen; da gerät man aber in Schwierigkeiten, wenn man an die griechischen oder aramäischen Texte des Alten Testaments denkt. Ganz neu ist der Versuch, von einem »Ersten Testament« (Erich Zenger) zu sprechen. Das Neue Testament wäre dann das zweite Testament, ohne daß das ausgesagt werden müßte. Gewiß, diese Lösung ist sicher attraktiv, aber ob sie wirklich geeignet ist, der Bibel den scheinbar rechtlichen Charakter zu nehmen oder wesentlich einzuschränken und darüber hinaus die verpflichtende Dimension der Botschaft des Alten Testaments zu betonen, das steht doch dahin. Das Erste Testament ist nach unserem Verständnis nicht immer auch das letztgültige. Wieviele Alternativvorschläge wir auch auf dem Markt wiederfinden, wir werden letzten Endes um die Bezeichnung »Altes Testament« nicht herumkommen. Sie ist die seit zweitausend Jahren gewordene, übliche Bezeichnung. Wir müssen sie kommentieren, wir müssen sie umschreiben und illustrieren, von Mißverständnissen befreien.

Zu diesen Mißverständnissen würde gehören, daß das Alte Testament keineswegs eine bloß rechtliche Dimension hat und schon gar nicht, daß es »Altes« im Sinne von »Überlebtes« zum Inhalt hat. Vielmehr sollen wir bewußt machen, daß Alt-Sein viel mehr insinuiert, zum Beispiel das Ehrwürdig-Sein, das Früh-Sein, das Tradition-Haben. Wenn man vom Alter oder von einem alten Menschen spricht, dann muß man ihm nicht einen jungen Menschen gegenüberstellen. Das »Alte« hat seine ureigene Würde. Deswegen glaube ich nicht, daß man unbedingt von einem Anspruch auf ein neuformuliertes, alternatives Testament reden muß. Das gilt, obwohl oder gerade weil wir ein sogenanntes Neues Testament haben, denn das Neue Testament überholt das Alte nicht.

Norbert Lohfink hat zu Recht einmal gesagt, daß das Alte Testament und das Neue Testament dadurch verbunden sind, daß der sogenannte »Alte Bund« niemals aufgekündigt worden sei. Es gibt also eine gleichbleibende Treue Gottes zu diesem Bund. Kein einziger Text im Neuen Testament berechtigt zu einer Abtrennung des Alten vom Neuen. Das Alte ist im Neuen präsent und umgekehrt, das Neue im Alten. Wir haben hier ein sehr diffiziles, stellenweise dialektisches Wechselverhältnis zwischen Altem und Neuem Testament. Es ist keinerlei strikte Zäsur zwischen beiden angemessen, dafür die stete Rückfrage danach, was verbirgt sich im Alten Testament von dem, was wir für typisch neutestamentlich, christlich halten. Die zweite Frage: Was hat das Neue Testament an Erbstücken aufzuweisen, die aus dem Alten Testament stammen?

Bibel im Kontext

Allerdings sollten diese Fragen, die uns Christen sicher eine Menge bedeuten, nicht begrenzt sein auf den Blick in die innerisraelitische und innerjüdische Literaturentwicklung. Wir müssen sowohl beim Alten Testament wie auch beim Neuen Testament auf die Religionsgeschichte schauen. Wir erkennen, in welch ständigem Gespräch die alttestamentlichen Schriften mit den zeitgenössischen Religionen stehen, daß auch das Neue Testament noch mit den Religionen der griechisch-römischen Zeit, des hellenistischen Zeitalters, der Antike verbunden ist.

Wir dürfen die Schriften des Alten und Neuen Testaments nicht von ihrer lebendigen Einbettung in die Nachbarschaft der Religionen lösen. Das sei betont, weil eine weitgefächerte Richtung immer wieder eine Isolation der Schrifttexte betreibt, als ginge es für den

Christen nur darum, sich auf diese biblische Tradition zu fixieren. Ich würde vielmehr sagen, daß biblische Tradition in allem Ernst nur dann verstanden werden kann, wenn sie aus ihrem lebendigen Gegenüber zu den zeitgenössischen Religionen begriffen wird. Das wird allzu leicht vergessen, denn sehr schnell stellen sich Christen auf ein Podest und meinen, sie hätten von vornherein den besseren Ausgangspunkt, die bessere Problemsicht oder die überzeugendere Lösung parat. Das ist keineswegs der Fall. Unsere Kenntnis der zeitgenössischen Religionen führt uns in sehr viel tiefere Einsichten, als sie manchmal im Alten oder Neuen Testament formuliert sind. Wenn die Christen nicht dazu finden, dankbar zu sein gegenüber anderen Religionen, die sie beschenkt haben, werden sie niemals in der Lage sein, mit anderen Religionen zu korrespondieren.

Ich halte es für einen ganz notwendigen Ansatzpunkt, sich nicht ängstlich zu verkriechen und zu meinen, wir hätten nichts in unserer Bibel, was mit anderen vergleichbar wäre. Vielmehr ist manches in anderen Religionen schöner gesagt als in der Bibel.

Ich verweise nur auf die wunderbaren Hymnen aus dem orientalischen Bereich, auch aus Ägypten, die manches viel überzeugender und klarer ansprechen, als es in den Psalmen zu finden ist. Denken wir nur an die großartige Verherrlichung der Schöpfung. Wir finden sie im Alten Testament angesprochen, besonders im Psalm 104 und auch in anderen Texten, aber ihre Darstellung in den ägyptischen Hymnen ist viel breiter und überzeugender präsentiert. Warum sollen wir das nicht zugeben? Warum soll man nicht den Fremdreligionen eine gedankliche und sprachliche Tiefe zutrauen, vor der sich auch Israel verneigen könnte? Das ist ein ganz wichtiger Ansatzpunkt, um in gegenwärtiger Zeit in ein ehrliches, aufrichtiges Gespräch mit den Religionen zu kommen.

Es soll damit überhaupt nicht geleugnet sein, daß sich die Perspektiven im Alten und Neuen Testament durchaus ändern können, daß die Schwerpunkte anders gesetzt werden, daß auch Positionen korrigiert werden, was zweifellos in der Religionsgeschichte praktiziert worden ist. Wir sollten aber nicht sagen, die Perspektive, die das Alte oder Neue Testament hier und dort setzt, würde in ihrer formalen Gestalt bereits alles umfassen und dem Fremden völlig gerecht werden. Wir haben auch in der alttestamentlichen Auseinandersetzung mit Fremdreligionen allzuviel Übertreibungen. Religionskritische Positionen in der Art, wie wir heute Religionsgeschichte betreiben, können wir nicht unbedingt aus dem Alten Testament entnehmen. Da werden die Fremdreligionen häufig genug verzeichnet, die kanaanäische, die ägyptische ebenso wie die babylonische. Nach den Gründen zu suchen, warum sie so und nicht anders gezeichnet werden, ist mindestens ebenso wichtig, wie eine Erhellung der Ursprungsreligion selbst.

Dies alles ist ein Plädoyer für einen Blick auf die innerbiblische Religionsgeschichte im Vergleich mit der außerbiblischen.

Satzung und Setzung

Damit sind wir wieder beim Stichwort »Bund« angelangt. Dem Bund sollte nicht ein derart exklusiver Charakter beigelegt werden, daß die Bündnispartner nurmehr sich selbst im Auge haben und einander begegnen, ohne daß es der Einbettung dieses Miteinanders in die Beziehungen aller Menschen zu ihrem Schöpfer bedarf.

Der »Bund«, hebräisch *b· rit,* ist keineswegs das, was viele sich darunter vorstellen, indem sie an einen Vertrag denken. Wir haben es nicht mit Bündnispartnern im politischen Sinne zu tun. Das Alte Testament ist nicht eine Urkunde, die von einem Vertrag handelt, wo zwei gleichberechtigte Partner auftreten. In der Theologiegeschichte der neuesten Zeit hat sich eine dogmatische Kontroverse um das Verständnis von *b· rit* entwickelt, die teilweise sogar konfessionelle Grenzen wieder eingeführt hat.

Auf katholischer Seite möchte man immer noch gern an dem Bündnischarakter festhalten, daß Gott sich zum Vertragspartner des Menschen macht, so daß *b· rit* als zweiseitiger Vertrag verstanden werden könnte, wenn auch in einem einschränkenden Sinn. Auf evangelischer Seite hat es hier und da Positionen gegeben, die die Akzentsetzung anders betreiben wollten; *b· rit* ist nicht ein Vertrag, sondern eine Art Bindung oder eine Verhältnisbestimmung, wobei der Mensch auf gar keinen Fall die Initiative ergreifen könnte. Wir sehen, es ist die Vorstellung von der Rolle menschlichen Tuns in der allumfassenden Gnade. Wenn ich *b· rit* auffasse als eine zweiseitige Angelegenheit, als einen Vertrag mit zwei Partnern, Gott hier – Mensch dort, dann könnte das insinuieren, daß der Mensch ein Stück Leistung aufbringt, um den Vertrag zu erfüllen. Wir würden nur dann dem Bund in diesem Sinn gerecht, wenn wir mit unseren Leistungen antworten. Leistung Gottes hier – Leistung des Menschen dort.

Diese Sicht hat natürlich in der Theologiegeschichte mit ihren Folgeerscheinungen zu Fehlentwicklungen geführt, die ich hier gar nicht aufzählen muß. Die Betonung der menschlichen Beteiligung hat, wie wir wissen, zu einem Gegenschlag vor allem in der Reformation geführt und die Antwort darauf lautet: die Beziehung zwischen Gott und Mensch kann unmöglich auf dieser Leistungsebene beschrieben werden, die reine Gnade wirkt durch sich. Sollte der Mensch je zu irgend etwas in der Lage sein und mitwirken können, dann ist er bereits von der Gnade Gottes gehalten. Insofern legt sich nicht ein Verständnis von Bund nahe im Sinne von Vertrag, sondern eine einseitige Verpflichtung von Gott her, die auf Antwort des Menschen dringt, auf die Reaktion des Partners.

Dabei soll nicht bestritten werden, daß Gott in sein Volk hineingeht und sich zum Partner seines Volkes macht, was aber eine reine Gnadentat ist. So will es jedenfalls die reformorientierte Auslegung dieses Begriffs. Das Entscheidende an dieser Konzeption ist, daß der Leistungscharakter in den Hintergrund tritt, um die einseitige Initiative Gottes um so mehr zu betonen.

Sicher kann man auch mit dieser Orientierung in eine Phase hineingeraten, die die Eigenbeteiligung des Menschen völlig außer Sicht läßt. Ich glaube aber, daß man durchaus einen Kompromiß schließen kann zwischen diesen beiden Extremen.

»Bund« *(b· rit)* im alttestamentlichen Sinn ist mehr als ein zweiseitiger Vertrag. Er ist zunächst einmal eine Setzung Gottes, Jahwes, eine Indienstnahme des Menschen, aber auch eine Anerkennung des Menschen, soweit er Antwort gibt. Es ist sicher beides enthalten, die absolute, autoritative Setzung durch Gott und die Befreiung des Menschen zur Antwort, so daß wir durchaus beide Aktivitäten in ihr je besonderes Licht stellen dürfen.

Levitische Existenz

Im Levispruch sind bezeichnende Fügungen gewählt. Da ist zunächst zu beobachten, daß *b· rit* mit einem Suffix versehen ist, *dein Bund.* »Sie beachten deinen Bund«. Hier wird schon deutlich, daß es nicht um ein zweiseitiges Geschäft geht, sondern daß hier »Bund« in dem primären Sinn der Setzung durch Gott verstanden wird. *B· rit* ist etwas, was Jahwe in Szene setzt und wodurch er seine Ansprechpartner in ein verbindliches Verhältnis hineinstellt. Zum anderen steht dieses Wort *b· rit* in Vers 9 in Parallele zu einem Ausdruck, der mit der Wurzel *'MR* »reden« gebildet ist. Dieser ganze Versteil, der letzte Satz des Verses 9, heißt in der Übersetzung: »Ja (hebräisch *ki*), sie (die Leviten) haben deine Erklärungen (d. h. deine Anweisungen) beachtet«. Man kann sich auch zu einer quasi-präsentischen Wiedergabe verstehen: »Deine Erklärungen beachten sie«. Da steht also parallel zu »deinen Bund«: »deine Erklärungen«. Daran erkennt man, daß mit dem problematischen Ausdruck *b· rit* in erster Linie eine Erklärung Jahwes verbunden ist, ja, daß dieser »Bund« geradezu mit göttlicher »Erklärung« im Sinne einer verbindlichen Anweisung Jahwes identisch ist.

Daß sich die Leviten als Angehörige des eigentlichen *chasid* Mose an die »Aussprüche« Jahwes halten, daß sie sie bewahren, und daß sie »deinen Bund« beachten, dafür sind sie bestimmt. Dieser »Bund« ist also mehr als eine Abmachung, er ist eine Bindung, eine Bindung mit »verbindlichem« Charakter.

Wir können den Bedeutungsumfang von »Bund« an diesem Text noch weiter verdeutlichen.

Zu Beginn des Textabschnittes ist ja ein Ausblick gegeben über das, was die Leviten zuvor getan haben. Sie sind die Verwalter des Orakelwesens, der Handhabung der »Urim« und der »Tummim«, der Orakelsteine, wie wir vermutlich sagen dürfen. Es heißt von ihnen, daß sie sich bei Massa und Meriba, Traditionsstätten der Wüste, in besonderer Weise bewährt haben. Es gibt keine biblische Tradition, die das bestätigt. Wir haben keinen Text, wo die Leviten bei Massa und Meriba auftreten.

Unser Text hat also eine Sondertradition zum Inhalt, für die wir sonst keinerlei Bestätigung finden. Wir wissen darum nicht, welches geschichtliche Ereignis sich mit diesen beiden Namen und der Nennung der Leviten verbindet. Trotzdem gilt, daß die Perspektive eine geschichtliche ist, daß die Betonung des Bundhaltens und des Orientierens am Bund und an den Aussprüchen Gottes sich auf eine geschichtliche Erfahrung stützen will. Eine Art geschichtliche

Rückschau am Anfang, die zugleich deutlich macht, daß die Leviten verbindliche Ausleger des Gotteswortes gewesen sind. Sie wurden aufgesucht, um Verbindliches zu erfahren. Das berührt sich gut mit der Geschichte von Eli etwa und seinen Söhnen, von denen am Anfang des ersten Buches Samuel die Rede ist, denn die früheste Funktion der Heiligtumsdiener, der Sakraldiener und auch der Priester im Alten Testament war das Auskunfterteilen im Heiligtum. Sie haben Lebenshilfe gegeben, wozu auch die Handhabung der Orakelsteine gehörte, die verbunden waren mit den Erkenntnismöglichkeiten der Priester und ihrem Wissen, die so eine gewisse Entscheidungshilfe in Grenzfragen des Lebens geben konnten.

Die Leviten standen also mitten im Volk mit ihrer Autorität. Sie haben anders, als es gemeinhin von Amtsinhabern gilt – auch in unseren Tagen –, einen unmittelbaren Kontakt zu den Fragen und Nöten der Leute gehabt. Man ging in den Tempel oder in das Heiligtum, um mit den Leviten bzw. den frühen Priestern zu korrespondieren, um mit ihnen über entscheidende Lebensfragen zu reden und Auskunft zu erhalten. Das ist die besondere Bedeutung der Orakelsuche im Alten Testament, die sich nicht etwa einfach als eine Institution mit besonderer magischer Qualität darstellt. Die Orakelsuche ist nicht ausschließlich an irgendwelche Zauberpraktiken gebunden, nein, es geht zunächst um eine Teilnahme der Gläubigen an dem Wissen derer, die sich in Lebensfragen auskannten. Die Leviten gehörten nach Auffassung Israels zu den Wissenden ihrer Zeit.

Im Text folgt nach der Beschreibung dieser recht attraktiven Funktion der Leviten gleich eine so radikale Aussage über ihr Verhältnis zu ihren eigenen Verwandten, die uns erschreckt. Von den Leviten heißt es, daß sie die Eltern nicht gekannt haben, daß sie die Brüder nicht ansahen und von ihren Kindern nichts wissen wollten. Auch das beruht ganz gewiß auf geschichtlichen Erfahrungen; es widerspricht aufs erste der zuvor beschriebenen Charakteristik, daß die Leviten nämlich um des Volkes willen da waren. Diese Radikalität des Gegensatzes muß und kann überwunden werden in der Anerkenntnis, daß es den Leviten in erster Linie um die Vermittlung des Lebensspenders Jahwe ging. Ihre Aufgabe war es, den Gläubigen sozusagen in Fleisch und Blut einzupflanzen, daß Jahwe, der

Schöpfer, das Leben in der Hand hält und daß diese Bindung an Jahwe die Blutsbande, die normalen Verwandtschaftsbeziehungen außer acht läßt. Die Radikalität, mit der Jahwe auf sein Volk zukommt, so schon seit der frühesten Zeit der Religionsgeschichte Israels thematisiert, drückt sich im Vermitteln von Leben aus, das über das normale Sippenbewußtsein und die normalen Verwandtschaftsbeziehungen hinausgeht. Das heißt nicht, daß diese damit entwertet würden, aber Jahwe ist die Substanz all dieser Beziehungen, er umgreift sie von vornherein.

Bei den Leviten wird diese radikale Absetzung, das Zurückdrängen der normalen Verwandtschaftsbeziehungen geübt, um die Bindung an Jahwe umgreifend und exklusiv erscheinen zu lassen. Wir finden eine ähnliche Situation bei der Begegnung Jesu mit seinen Verwandten nach der neutestamentlichen Tradition. »Denn wer den Willen meines himmlischen Vaters erfüllt, der ist für mich Bruder und Schwester und Mutter« (Mt 12,50). Die Mutter, die Geschwister haben selbstverständlich nicht an Würde verloren, es geht auch nicht um eine Wertung von Verwandtschaftsbeziehungen an sich. Wie sollte auch ein Israelit dazu kommen, Verwandtschaftsbeziehungen in negativer Weise zu qualifizieren? Wir können uns vorstellen, daß diese Diktion des Textes den sich in der Sippe ohnehin zuhause wähnenden Menschen mit der ganzen Radikalität des Anspruches Gottes konfrontiert, daß Jahwe der Inbegriff des Lebens und der Schöpfung ist, Inbegriff eines Kosmos, in dessen Schatten sich alle zwischenmenschlichen Beziehungen abspielen.

Dieses Verständnis von *b· rit* als einer Bindung, die von Jahwe ausgeht und die alle anderen Bindungen des Menschen umgreift, sie erst möglich macht, diese Initiative Jahwes ist im alttestamentlichen Bundesverständnis enthalten.

Die weiteren Tätigkeiten, die den Leviten zugeschrieben werden, die Opferdienste, das Bringen von Weihrauch etc, bestätigen ihre Funktion, die aus ihrer Indienstnahme durch Jahwe herauswächst. Der Opfergottesdienst wird hier keineswegs als eine Gegenleistung verstanden, sondern will wie selbstverständlich als Antwort verstanden werden.

Wir sehen, auch hier müssen wir den Text freimachen, beziehungsweise uns selbst freimachen von der Vorstellung, als seien

Leistung mit Gegenleistung zu beantworten. Die Antwort im Kult ist Gottesdienst, der sich auf der gleichen Ebene abspielt wie das Beachten des Wortes und das Befolgen des Bundes. Der Bund fordert die Hineinnahme der dem Menschen möglichen Dienste. Kult ist aber nur als Antwort auf den gnadenhaft zuvorkommenden Gott denkbar. Das wird hier bereits deutlich.

Wir kennen diese Vorstellung aus den prophetischen Schriften, und wir kennen sie auch aus dem Neuen Testament: Das Verständnis von Gottesdienst als einer erst durch Gott ermöglichten Form des Dienstes. Es wird hier im Text deutlich, daß Gottesdienst erst möglich wird, wenn Gott uns dazu fähig macht, daß es dabei nicht des ersten Schrittes unsererseits bedarf, sondern daß Gott den ersten Schritt auf uns zugeht.

Im letzten Teil des Levispruches finden wir noch einmal eine Aussage, die uns abschreckt. Es heißt da, daß sich die Leviten von denen abgrenzen sollen, die ihre Existenz in Frage stellen, ja sogar, daß den sich wohlverhaltenden Leviten der Segen zukommen soll, den Gegnern aber, im Bilde gesprochen, absolute Vernichtung zuteil werden wird.

Dieser Ausspruch wird wahrscheinlich unseren härtesten Widerspruch hervorrufen. Können wir uns mit einer Mentalität anfreunden, die so radikal mit den Gegnern oder den sogenannten »Feinden« aufräumt?

»Denn du zerschmetterst ihre Lenden, du hinderst die Gegner daran, daß sie aufstehen«. (Dtn 33,11)

Wir tun gut daran, bei einer solch radikalen Sprache, wie sie im Alten Testament immer wieder auftaucht, die Bilddimension im Auge zu behalten. Der alttestamentliche Mensch weiß sehr wohl, daß es hier um einen Widerstand gegen das Böse, die Unordnung oder das Chaos geht. Dieser Widerstand ist substantiell nötig, um auch das Gute wachsen zu lassen, ist nötig für die Auseinandersetzung mit dem Verkehrten. Die biblische Tradition geht mit diesem Chaos so um, daß sie es immer wieder in seiner Handgreiflichkeit im Bild vor Augen führt. Das erweckt offensichtlich den Eindruck, als ginge es um diesen oder jenen Gegner in leibhaftiger Gestalt. In Wahrheit geht es gar nicht um das menschliche Individuum, um das Humanum, das man in biblischer Perspektive außerordentlich achtet, sondern es geht hier ganz schlicht darum, diese Gegnerschaft des Chaotischen wirklich in den Griff zu bekommen, es so plastisch darzustellen, wie eben möglich.

Wir müssen bei solch schwierigen Passagen noch vorsichtiger zuschauen und fragen: bewegen wir uns im Bild oder haben wir es mit einem greifbaren Gegenüber zu tun? Im Bild gesprochen soll Jahwe vernichten, das heißt aber, daß der Kampf des Guten gegen das Böse zugunsten des Guten ausgetragen werden soll. Die Auseinandersetzung wird so oder so konkret sein, richtet sich aber nicht auf die menschliche Persönlichkeit des Kontrahenten.

Bindung mit oder ohne Gewalt?

Thema und Inhalt des Levispruchs haben uns bisher vor Augen geführt, daß der Anspruch des biblischen Gottes an seine Anhänger nicht nur sehr radikal sein kann, sondern daß diese Herausforderung auch über Wohl und Wehe, über die Fortexistenz der Verehrer handelt. Die Herausforderung betrifft alle, die sich zu Jahwe bekennen, und da stehen die Leviten in vorderster Linie. Was nun für Israel und für seine berufenen Sprecher, die Leviten, gültig ist, die Verbindlichkeit des Bundes also, ist das auch gültig für die Christen?

Sollte man die Rigorosität gepaart mit der Fürsorge Gottes, wie sie in diesem Levispruch zum Ausdruck kommt, unbesehen auch auf das Verhältnis Gottes zum Menschen aus dem Blickfeld des Christen übertragen? Besteht eine Berechtigung, in dieser strikten Weise, wie sie von den Leviten gefordert wird, sich an Jahwe zu halten, nicht nach rechts und nach links zu schauen, sich dem Bund zu öffnen und seine Verbindlichkeit anzuerkennen? Besteht dieser Auftrag ungehindert und ungemindert auch für die Christen?

Darüber hat man diskutiert, seit es Christen gibt. Die Theologiegeschichte, die Kirchengeschichte ist in der Frage des Verhältnisses des Alten zum Neuen Testament immer in einer Spannungssituation gewesen. Das Pendel hat mal nach der einen und mal nach der anderen Seite ausgeschlagen. Es gab Perioden, in denen man einen Schlußstrich zwischen dem Alten Testament und der durch Jesus eingeleiteten Entwicklung ziehen wollte, mit der Konsequenz, daß die Bücher des Alten Testaments jede Gültigkeit für den Christen verloren zu haben schienen. Es gab Zeiten, in denen man zum mindesten diskutiert hat, in welchem Umfang das Alte Testament für den Christen gültig sei.

Ich möchte damit den kurzen Blick in die älteren Perioden der Kirchengeschichte vorerst beenden. Es genügt, als Resümee des gesamten Diskurses festzustellen, daß das Alte Testament zu keinem Zeitpunkt über das Neue Testament gestellt worden ist. Es hat aber auch keinen Zeitpunkt gegeben, wo man bewußt und ausdrücklich von einer vollen Gleichberechtigung des Alten mit dem Neuen Testament gesprochen hat. Es war immer, mehr oder weniger ausgesprochen, von einem Vorbehalt die Rede und sei es nur der Vorbehalt, daß das Alte Testament nur deswegen Gültigkeit habe, weil es vom Neuen Testament und von Jesus rezipiert worden sei. Es sei ja die Heilige Schrift Jesu gewesen und deswegen für den Christen verbindlich.

Die Situation ist auch noch zur Stunde so. Wir wissen das Alte Testament zwar im Kanon der Heiligen Schriften verankert und gestehen deutlich zu, daß es seinen Platz innerhalb der schriftlichen Dokumente des Wortes Gottes hat. Wir sind aber noch längst nicht so weit, daß wir dem Alten Testament eine vom Neuen Testament unabhängige Einrede in unseren christlichen Raum zugestehen, sondern wir lesen das Alte Testament stets mit dem Seitenblick auf die Rezeption des »Alten« im »Neuen«.

Wir müssen in dieser Richtung weiterdenken und versuchen, herauszufinden, ob das Alte Testament nicht eine Verbindlichkeit für jeden religiös denkenden und empfindenden Menschen hat, daß er sich darin wiederfindet mit seinen Grundpositionen, Interessen, Erwartungen, Hoffnungen und Träumen, so daß er nicht notwendig der Verifikation und Bestätigung durch das Neue Testament bedarf, um auch, wie man so sagt, ein guter Christ sein zu können. Anders ausgedrückt: Ist man etwa erst dann ein Christ, wenn man das Alte Testament ausschließlich unter dem Blickwinkel neutestamentlicher Texte betrachtet? Oder können wir vielleicht im Alten Testament ausführliche Themenbereiche ausfindig machen, die zu einem unmittelbaren Kontakt nötigen, zum Beispiel Fragen der Menschlichkeit, Fragen der Schöpfung, Fragen der Gesellschaftsordnung, Fragen der sozialen Gerechtigkeit, Fragen des kultischen Umgangs, um nur einige Gebiete zu nennen? Läßt sich aus der Darstellung dieser Problemfelder im Alten Testament vielleicht mehr schöpfen, als aus den expressis verbis im Neuen Testament greifbaren und verankerten Ideen?

Das sind durchaus keine provozierenden Fragen, sie lassen aber ein Defizit im christlichen Raum spüren. Die Christen sind offenbar einer gewissen Angst anheimgefallen, es könnten im Alten Testament entscheidende, grundlegende Aussagen zum menschlichen Verhalten vor Gott artikuliert sein, die nicht unmittelbar im Neuen Testament ihre textliche Bestätigung erfahren.

Natürlich können wir zugestehen, daß Jesus in seinem Ja zum Gott des Alten Testaments, der ja auch sein Vater ist, in jedem Detail auch eine grundsätzliche Bestätigung dessen gegeben hat, was Grundlinie menschlichen Verhaltens vor Gott nach dem Alten Testament ist. Das soll in keiner Weise in Frage gestellt werden; natürlich ist Jesus für den Christen *der* Bote des Alten Testaments und seiner Gottesbotschaft, *der* Vermittler dessen, was der Gott des alttestamentlichen Bundes zu verkünden hat – ganz ohne Frage. Es ist aber ein anderes Problem, ob Fragen, die uns bewegen, etwa zur gesellschaftlichen Orientierung des Menschen oder zu Fragen der Schöpfung im Detail, aus dem Schatz des Alten Testaments eine umfassendere und tiefere Antwort erhalten können, als wir aus der schriftlich dokumentierten Fassung des Neuen Testaments und der dort verankerten und reflektierten Jesusworte erfahren.

Ich möchte das erste Kapitel nun mit einer kleinen Betrachtung abschließen.

Es ist von Gott in einer relativ rigorosen Weise die Rede. Der Levispruch macht uns deutlich, daß man mit diesem Gott nicht spielen kann, daß man mit diesem Gott nicht so umgehen kann, wie wenn er seine Verhaltensweise manipulieren würde. Das Gottesbild läßt sich nicht zurechtzimmern. Ich habe den Eindruck, daß diese Erkenntnis in der christlichen Nachfrage nach Gott eine untergeordnete Rolle spielt. Wir können wohl mit dem heiligen und zitternmachenden Gott nicht mehr so recht umgehen. Das mag an verschiedenen Ursachen, hauptsächlich an psychologischen Gegebenheiten liegen.

Es ist aber eine Grundbotschaft des Alten Testaments, daß Gott jedes menschliche Denken und jedes menschliche Fühlen übersteigt, daß er dem Menschen in all seinen Reaktionen unendlich voraus ist und daß der Mensch eine ohnmächtige Position hat, die erst durch diesen Gott zu einer mächtigen gemacht werden kann. Ich denke, daß das auch aus dem christlichen Bewußtsein in gar keinen Fall herausfallen dürfte. Wir haben es nicht mit einem »gütlichen Landesvater« zu tun, wenn wir von Gott reden, auch nicht mit einem Gott, der mit einem freundlichen Gesicht uns alle Wünsche von den Augen abliest, sondern dieser Gott kann auch quer zu menschlichen Erwartungen stehen und in einer Radikalität erscheinen, die uns befremdet, erschüttert und enttäuscht. Das ist natürlich nur eine Seite, die wir hier von Gott vermittelt bekommen. Natürlich finden wir auch den unendlich gnädigen, den zuvorkommenden Gott, den überraschend anwesenden, nahen Gott, den unglaublich nahen Gott im Alten Testament. Diese Vorstellung liegt uns mehr, sie kommt unseren Erwartungen entgegen, aber sie erfaßt eben nur eine Seite dieses Gottes. Seine beeindruckende Majestät transzendiert alle unsere Vorstellungen von Macht und Gewalt. Die »Gewalt« Gottes ist Urgewalt im elementarsten Sinn. Sie bewegt alle Vorgänge in Schöpfung und Geschichte. Ihr Ausmaß ist unmeßbar und unermeßlich, so daß wir sie als inhuman empfinden können, ja müssen, denn Gott ist »Gott, nicht ein Mensch« (Hos 11,9).

II. Das Alte Testament auf dem Weg ins KZ

Wir wollen jetzt in einem zweiten Kapitel auf eine Periode zu sprechen kommen, in der man ganz intensiv über das Verhältnis Altes und Neues Testament nachgedacht hat. Es soll hier zunächst nicht eine Periode aus den Anfängen der Kirchengeschichte, des Mittelalters oder der frühen Neuzeit zur Sprache kommen, sondern eine Phase der jüngeren Vergangenheit, die unmittelbar in das entsetzliche Desaster der Verfolgung der Juden geführt hat. Es ist für uns sehr interessant, die Diskussion v.a. der Jahre 1930 und 1931, aber auch der späteren dreißiger Jahre vor Beginn des zweiten Weltkriegs zu betrachten, um herauszuhören, wie das Alte Testament auf christlicher Seite, vor allem auf Seiten derer, die sich um das Alte Testament in seinem Verhältnis zum Neuen Gedanken machten, angeschrieben war.

Die Gedanken dieser Zeit sollen hier durch eine Reihe von Zitaten aus einschlägigen Stellungnahmen vermittelt werden, sozusagen im Originalton.

1. Phase 1: Völkischer Glaube

Wir müssen bedenken, daß es schon seit den zwanziger Jahren des Jahrhunderts ein Bestreben gab, das Alte Testament entbehrlich zu machen. Im Zuge des weitverbreiteten, offenen und latenten Antisemitismus hat sich diese Tendenz verstärkt, nach Möglichkeit ohne das Alte Testament auskommen zu wollen. Es versteht sich von selbst, daß gerade die Exegeten, die sich mit den beiden Testamenten befassen, zu einer Antwort genötigt waren. Bezeichnend ist es, wie sie, die Alt- und Neutestamentler, die Bibliker, vom Alten Testament reden, wie sie mit ihm umgehen und vor allem, ob sie es als primäres Eigengut des Judentums respektieren.

Das Alte Testament: »unterchristlich«

Zuerst möchte ich Auszüge aus Kleinschriften und Aufsätzen von Johannes Hempel zitieren.

Johannes Hempel war jahrelang Herausgeber der angesehenen Zeitschrift für Alttestamentliche Wissenschaft. Er hat sich gerade um die Wende zu den dreißiger Jahren hin mehrfach zu Wort gemeldet, um die Position des Alten Testaments im Verhältnis zum Neuen zu skizzieren. Wir stellen bei ihm fest, daß er im Laufe seiner akademischen Tätigkeit einen Wandel durchgemacht hat, so daß er am Ende, vor allem nach Beginn des Krieges, zu einem radikalen Verfechter einer Loslösung vom Alten Testament und vom Judentum geworden ist. Diese radikale Haltung ist zu Anfang der dreißiger Jahre noch nicht zu erkennen.

Doch zunächst ein Zitat aus der Kleinschrift »Altes Testament und Geschichte« aus dem Jahre 1930:

»Auf das Ganze der Geschichte des A.T. in der Kirche gesehen, wird es wenige Stücke geben, die sich nicht je und dann einmal als lebendig wirksam Gottesworte aufweisen lassen. Aber es bleibt bei aller Vorsicht und bei aller Ablehnung jedes Versuches, mechanisch etwa den vorhandenen Kanon von solchen ›toten‹ Stücken zu befreien, doch die Tatsache bestehen, daß innerhalb der Heilsgeschichte, soweit sie sich in der Schrift bezeugt, Stücke des A.T. ihre lebendige Bezeugung als Gotteswort verloren hatten. ›Wisset ihr nicht, welches Geistes Kinder ihr seid?‹ Wir haben aber, wie nochmals betont sei, kein Wissen um ein Wort als Gotteswort außerhalb seiner Selbstbezeugung! Wir haben keinen Maßstab dafür, ob ein Wort einst Gotteswort war, wenn es nicht für uns Gotteswort ist. So liegt die Schwierigkeit einer theologischen Erfassung des A.T. nicht in der zeitgeschichtlichen Bedingtheit in allen ihren Ausprägungen, sondern darin, daß sich uns nicht das Ganze des A.T. als lebendiges Gotteswort bezeugt.«

(Johannes Hempel, Altes Testament und Geschichte, Gütersloh 1930, S. 82.)

Wir merken sofort, daß hier der Versuch gemacht wird, das Alte Testament in seiner ganzen Breite auf ein Niveau zu drücken, von dem eine unmittelbare Verbindlichkeit nicht ausgeht. Es wird, ohne daß dies im Detail erwogen, erhoben oder diskutiert wird, von einer ganzen Reihe von Texten pauschal gesagt, daß sie keine Gültigkeit haben. Hempel empfiehlt folgendes:

»Dabei wird naturgemäß das Verhältnis von Altem und Neuem Testament eine besondere Rolle spielen müssen. Es wird dabei gelten müssen, mit dem aktuellen Charakter des Handelns Gottes vollen Ernst zu machen.«

(Johannes Hempel, ebd., S. 83)

Diese Aussage bedeutet, daß Gottes volles Handeln erst durch Jesus und durch das Neue Testament vermittelt würde, aber nicht etwa durch das Ganze des Alten Testaments. Deswegen schlägt Hempel folgende Lösung vor:

»Das kann aber nur so geschehen, daß der am A.T. arbeitende Christ sich aufs Peinlichste davor hütet, seinen Gottesglauben in den Text einzutragen, sich vielmehr um der Offenbarung willen in die zeitgeschichtlichen, auch unterchristlichen, Gedanken des Textes fügt.«

(Johannes Hempel, ebd., S. 83.)

Man muß feststellen, daß die Diskussion in den Jahren 1930/31 nicht einfach auf niedrigem Niveau geführt worden ist. Offenbar ist es den Lesern damals schwergefallen, durch diese Texte hindurch Vorurteile und Schieflagen zu entdecken. Dennoch beachte man den Begriff »unterchristlich« - ein verräterisches Wort! Eine um ein Jahr jüngere Schrift von Johannes Hempel zeigt schon deutlicher die schärfer gewordene Sprache. Er sagt in einer Kleinschrift mit dem Titel: »Altes Testament und völkische Frage« (schon der Titel ist bezeichnend!):

»... und in der Tat ist die Geschichte der alttestamentlichen Religion überhaupt die Geschichte der Kritik am israelitisch-jüdischen Volkstum und zwar gerade an den Seiten, an denen auch heute immer wieder die Kritik sich geltend machen wird, am natürlichen Stolz auf seine Vorzüge und an der Auffassung der Beziehungen von Gott und Mensch als eines Riesenrechenexempels.«

(Johannes Hempel, Altes Testament und völkische Frage, Göttingen 1931, S. 13.)

Das gleiche in etwas anderen Worten:

»Es ist die ernsteste Warnung, das deutsche Nationalbewußtsein freizuhalten von den innerlich ›jüdischen‹ Zügen, als hätte unser Volk als naturhafte Größe Anspruch darauf, von Gott in seiner Geschichte mehr gesegnet zu werden, als andere Völker! Unser Volk hat es hier zu lernen, nicht aufzutrotzen gegen Gott, was ihm denn einfalle, uns nicht alle Zeit das zu geben, was unserm Wünschen und Wollen als ›Segen‹ erscheint. Wir sollen und können hier lernen, unsere Geschichte zu nehmen aus des lebendigen Gottes Hand und uns zu schicken in seinen Willen, auch da, wo er uns in die Tiefe führt!«

(Johannes Hempel, ebd., S. 14f.)

Diese Botschaft wird aus dem Alten Testament herausgelesen, weil sie ja auch dort von der Sprache der Propheten gegen Israel geteilt sei. Die inneralttestamentliche Kritik wird hier absolut gesetzt und zum Maßstab des Umgangs mit dem Alten Testament gemacht.

Ein anderes Zitat:

»Und auch jene Anschauung, für welche die Beziehung von Gott und Mensch ein Rechenexempel ist, jener Rechengeist des Vol-

kes der dort, wo das Volk oder der Einzelne seinen ›Anspruch‹ auf
Glück durch Feindschaft und Haß anderer Menschen beeinträch-
tigt sieht, in Rachegeist umschlägt, der aber dort, wo ohne Zutun
der Mitmenschen in Erdbeben und Mißernte und Seuche Gott selbst
vernehmlich seine Hand spürbar lasten läßt, nur zu leicht sich wider
Gott wendet und den Glauben selbst zerschlägt, dieser sittlich wie
religiös in gleicher Weise gefährliche (vgl. Lk 9,55!) Rechengeist,
der sich immer wieder regt und geltend macht, stößt innerhalb des
A.T.s stets aufs neue an seine entscheidende Grenze.«

(Johannes Hempel ebd., S. 14.)

Es ist klar zu erkennen, der Gegner wird im Alten Testament
markiert und damit natürlich implizit das ganze Judentum an den
Pranger gestellt, um ihm mit Hilfe des Alten Testaments den Spie-
gel vorzuhalten, um sich von daher eine Art Rechtfertigung zu verschaffen. Die Tonart ist hier im Jahre 1931 schon etwas schärfer
und man spürt das Interesse am Nationalen, oder wie man auch
sagte, am Völkischen. Angesichts einer Bewegung, die man mit
dem Schlagwort:»Fort mit dem Alten Testament« charakterisieren
könnte, hat Hempel eine Gegenbewegung einzuleiten versucht, das
Alte Testament doch stehen zu lassen und zu respektieren, aber nur
als paradigmatische Darstellung, wie ein Volk zu seinem Gott steht
und wie der Glaube, die Religion ein Volk zusammenhält.

So wollten Hempel und einige aus seinem Schülerkreis das Alte
Testament verstanden wissen, nämlich als eine Sammlung von
Urkunden, die bezeugen, daß ein Gott, eine Religion ein Volk
zusammenschweißt. Daran sollte sich das Christentum ein Beispiel
nehmen und insoweit orientieren, daß es selbst sich als volksgebun-
den versteht und so auch in die nationalkirchliche Bewegung hin-
einmündet und dem Deutschtum als Volk Zuträgerdienste leistet.
Christentum und Deutschtum sollten auf diese Weise versöhnt werden, so wie im Alten Testament das nationale Element Israels mit
seinem Gottesglauben verschwistert gewesen ist.

Diese Phase ist in erster Linie geschichtlich orientiert. Man versucht, dem Erlebnis der Demütigung nach dem ersten Weltkrieg zu
entgehen und eine neue»völkische« Bewegung, ein Selbstbewußtsein nationaler Art zu begründen und dazu sollte der Blick auf das
Alte Testament hilfreich sein. Was nicht geschieht, um auch dies

noch einmal deutlich zu machen: das Eigenrecht des Judentums auf das Alte Testament und auch die bleibende Bedeutung des Judentums für das gegenwärtige und zeitgenössische Christentum wird nicht herausgestellt, schon gar nicht die Herausforderung, die das Judentum ständig für das Christentum sein wird. All diese Fragen bleiben ausgeblendet, es geht nur um eine paradigmatische Rolle des Volkseins Israels und deren Reflexion.

»Durch Christentum zum Deutschtum«

Der Aspekt des »national-religiösen Interesses« kann noch etwas verdeutlicht werden an Hand einer Kleinschrift von Paul Senstius aus der immerhin renommierten Reihe» Ex Oriente Lux«, aus dem Jahre 1931. Da heißt es:

»Wie Israel nur durch den Glauben an Jehova zusammengehalten wurde, so das Reich nur durch das Christentum. Wir sind eben das auserwählte Volk Gottes.«

(Paul Senstius, Die Stämme der Israeliten und Germanen, Leipzig 1931, S. 45.)

Die deutschen Christen werden also hier in der Nachfolge und als Ersatz zum Judentum charakterisiert. Dann heißt es weiter:

»Das ist kein Wort leeren Hochmuts, sondern der tiefsten Sorge. Denn wir sind anders als alle Völker der Erde. . . . Der Deutsche ist zunächst weltbürgerlich. Auf die Dauer kann das an und für sich so lobenswerte Streben der sogenannten nationalen Parteien ihr Ziel verfehlen. . . . Durch das Christentum zum Deutschtum. Religion ist Privatsache.«

(Paul Senstius, ebd., S. 45.)

Auch in dieser Schrift zeigt sich eindeutig der Versuch, die Religion, die ja in der Tat die Klammer Israels ist und das Volksein Israels bedingt, garantiert und bestätigt, unbesehen auf die Verhältnisse im Abendland zu übertragen, in erster Linie natürlich auf das sogenannte Deutschtum.

»Deutscher Glaube« und »Deutscher Gott«

Eine andere Aussage stammt von Johannes Meinhold. Er gehört ebenso, wie die zuvor zitierten, zu den Exegeten, auf die man sich immer wieder in der exegetischen Literatur bezieht, die Kommentare zu Bibelschriften verfaßt haben, die lange Zeit, auch nach dem Krieg noch, wie Johannes Hempel, Lehrstuhlinhaber waren. Sie haben zu ihrer Zeit so gesprochen, wie aus den Zitaten zu entnehmen ist.

Johannes Meinhold wendet sich gerade gegen eine Verdeutschung des Christentums oder auch des Alten Testaments, er wendet sich gegen die Rede von einem deutschen Gott, sonst gäbe es ja folgerichtig auch zum Beispiel einen polnischen oder einen französischen Gott. Man wäre in die Nationalreligion zurückgefallen, die man doch bei den Juden verabscheut.

»Ein wunderlicher Judaismus, der den ›Judaismus‹ bekämpfen will. Von einer Menschheitsreligion, von einem wirklichen Monotheismus kann da keine Rede mehr sein. Auch vor einer solchen Verirrung, als ob der über den Welten thronende Gott nun sich an ein Volk dieser kleinen Erde dauernd binden soll, kann und wird der Blick auf die Geschichte der Offenbarung Gottes im A. und N.T. bewahren.

Man redet freudig und gern vom ›deutschen Glauben‹. Und man tut recht daran. Aber einen ›deutschen Gott‹ gibt es . . . ebensowenig wie einen ›Judengott‹«.

(Johannes Meinhold, Das Alte Testament und evangelisches Christentum, Gießen 1931, S. 147.)

Die Sprache ist außerordentlich verräterisch und verführerisch. Von einem »deutschen Glauben« darf also die Rede sein, nicht aber von einem »deutschen Gott«. So wird auf indirekte Weise bestritten, daß Israel oder das Judentum von seinem Gott sprechen dürfen. Es gehört aber zur Einsicht in das Alte Testament, daß Israel seinen Gott als den Gott Israels versteht. Gott ist und bleibt Gott Israels. Daran führt kein Weg vorbei.

Meinhold bietet als Rezept an:

»So heißt es denn los vom Judaismus in jeglicher Form, heißt es gerade darum hinein in das Alte Testament, aber nur durch die Tür, die dem Christen dahin offensteht, durch Jesus.«

(Johannes Meinhold, ebd., S. 147.)

Das Alte Testament wird in diesen Aussagen gegen das zeitgenössische Judentum, das Judentum überhaupt und den Judaismus ausgespielt.

»Erledigte Äußerungen«

Eine weitere Probe aus dem Jahre 1932 von einem der bekanntesten und berühmtesten Alttestamentler, Ernst Sellin. Er ist der Auffassung, eine Abschaffung des Alten Testaments komme natürlich nicht in Frage. Darin sind sich alle bisher Genannten einig. Für den Christen kann ein Streichen dieser Dokumente nicht gelten. In welchem Maß aber das Alte Testament Gültigkeit hat, das ist sehr umstritten, und es wird nur sehr zögerlich das gesagt, was ein Bibliker sagen müßte.

Wenn hier wiederum ein evangelischer Exeget zitiert wird, dann ist damit in keiner Weise ausgedrückt, daß katholische Autoren nicht ebenso gedacht hätten. Die Katholiken hatten aber nicht einmal den Mut, sich in dieser Sache zu äußern und Stellung zu beziehen. Es ist keineswegs so, daß die protestantischen Theologen, die sich wenigstens Gedanken zum Verhältnis Altes und Neues Testament gemacht und sich in dieser Weise geäußert haben, schlimmer dastehen würden als die katholischen Christen. Wir sollten uns von diesem antiökumenischen Aspekt der Vergangenheitsbewältigung vollkommen lösen. Der Katholiken Schuld ist es nicht zuletzt, sich nicht einmal an der theologischen Auseinandersetzung konstruktiv beteiligt zu haben.

Sellin schreibt:

»So hat sich uns, man mag die Frage drehn und wenden, wie man will, die einfache Unmöglichkeit einer Abschaffung des A.T. für die evangelische Kirche ergeben. Und es ist schmerzlich, daß die Streiter gegen jenes, deren Absichten wir bereitwillig als die denkbar besten anerkennen, und mit denen wir gern Hand in Hand arbeiten möchten, hin auf eine Reinigung und Gesundung unseres deutschen Volkstums von ihm wesensfremden Einflüssen, auf ein echt deutsch-evangelisches Christentum in merkwürdiger Kurzsichtigkeit hier eine ganz falsche Front einnehmen und einen Weg betreten, an dessen Ende nicht eine Erneuerung und Kräftigung, sondern die Auflösung droht.«

(Ernst Sellin, Abschaffung des Alten Testaments?, Berlin und Leipzig 1932, S. 36 f.)

Es kommt hier auch ein gewisser kritischer Umgang mit der römischen Kirche ins Spiel. Leider hat die fehlende ökumenische Bewegung in den dreißiger Jahren ein Stück dazu beigetragen, daß die Christen versagt haben. Man hat auch gern die römische Kirche als volksfremd oder antivölkisch hingestellt. Ein Antiromanismus konnte ebenso wie der Antibolschewismus zum Deckmantel eines Antisemitismus werden. Dieser Umstand tut dem aber keinen Eintrag, daß katholische Christen nicht viel anders über die Gültigkeit des Alten Testaments gedacht haben.

Ernst Sellin:

»Und wenn die evangelische Kirche nicht jetzt bis in die äußerste Peripherie ihrer Gemeinden hinein es sich in Fleisch und Blut übergehn läßt, daß in dem alttestamentlichen Schrifttum neben der durch die Jahrhunderte erschallenden Stimme des ewigen Gottes auch Äußerungen des jüdischen Volkstums erklingen, die für den Christen religiös längst erledigt sind und nur noch eine geschichtliche Bedeutung besitzen, dann müßte sie allerdings an dem A.T. ersticken.«

(Ernst Sellin, ebd., S. 37.)

So schreibt jemand, dessen »Einleitung in das Alte Testament« auch nach dem Kriege noch eifrig benutzt wurde und Grundstock der weit verbreiteten Einleitung war, die Georg Fohrer herausgebracht hat.

Mit »Liebe« gegen die Juden

Eine ganz rabiate Äußerung finden wir in der Greifswalder Universitätszeitung von 1933 mit dem Titel »Rasseheft«. Hier bietet sich ein Musterbeispiel, und darum sei es vorgetragen, für die raffinierte Art, mit einem Antijudaismus offene Türen einzurennen. Es geht um das Thema: »Christliche Liebe«. Jeder von uns würde sagen, es ist doch selbstverständlich, daß die christliche Liebe in keiner Weise haltmacht vor denen, die so häufig von christlicher Seite aus verstoßen worden sind, daß christliche Liebe sich unmittelbar auch dem Judentum zuwendet.

Da sagt aber dieser Autor:

»Die christliche Liebe besteht nicht in Verschleierungen der harten Tatsachen der wirklichen Situation durch eine allgemeine Humanität. Grade die christliche Liebe sieht zu allererst immer die eigentliche Wirksamkeit (so!). Und nur auf Grund der wirklichen Lage kann überhaupt erst Liebe geübt werden. Es gehört stets zum allerersten Handeln der christlichen Liebe, daß sie jeden zuerst einmal in die Wahrheit seiner Existenz stellt. Ohne diese Wahrheit kann überhaupt niemand vor Gott stehen. Darum muß grade die christliche Liebe das jüdische Volk zu allererst in die eigentliche Wahrheit seiner wirklichen Existenz in der Völkerwelt stellen, wie eben dies auch das Urteil der Schrift in allem Ernste tut, grade auch in der christlichen Liebe des Juden Paulus seinem eigenen Volke gegenüber tut.

Dies bedeutet nicht etwa eine christliche Aufforderung zu Judenverfolgungen, sondern etwas ganz anderes. Daß das jüdische Volk unter uns in die Wahrheit seiner Existenz gestellt werde, bedeutet, daß es als ein Gastvolk unter einem andern Volke in Recht, Schutz, Pflichten und Begrenzung gestellt werde. Es soll sein klares Recht und seine klaren Grenzen haben. Es soll leben können, aber abgedämmt, wo sein Zersetzungsgeist und Verstockungssinn sich gegen das Wirtsvolk gefährlich erweist. . . . Es ist zu behandeln mit der großen Gerechtigkeit der christlichen Liebe, die jedem das Seine, aber nicht allen das Gleiche gibt. Gegen jede Ungerechtigkeit, die gegen diese Gerechtigkeit verstößt, geht freilich der Zorn der christlichen Liebe. Anderseits aber weiß auch gerade diese Liebe, daß alle Gerechtigkeit nicht ohne Härte dem Einzelnen gegenüber bleiben kann und bleiben darf.«

(Wilhelm Koepp, Das Christentum und die Juden, in: Greifswalder Universitätszeitung 8, 1933, S. 58.)

Wir erkennen, welch verführerische Qualität auf weite Kreise solchem Spiel mit dem Wort der christlichen Liebe innewohnt. Es ist hier gar kein Gespür für die Radikalität der christlichen Botschaft vorhanden, daß es eben nicht darum geht, sich den Gegner zurechtzuzimmern und auszusuchen, sondern daß sich die christliche Botschaft radikal jedem Menschen zuwenden muß, ob es einem paßt oder nicht. Es darf keinen Gegensatz geben gegenüber der Gerechtigkeit, Gnade und Gerechtigkeit dürfen sich nicht gegenseitig ausspielen lassen.

Ein katholischer Theologe, J.A. Kofler, kann sich schon 1931 in nicht minder destruktiver und diabolischer Art äußern:

»Christliche Nächstenliebe in der Judenfrage ist in erster Linie Liebe zu den Nächstgeborenen, zu den Angehörigen des eigenen Volkes, nicht Schutz der Juden vor den Christen, sondern Schutz der Christen vor den Juden. Die Liebe zum eigenen Volk schließt notwendig einen Abwehrkampf gegen das übermächtige Judentum in sich. Dieser Abwehrkampf ist somit kein Verstoß gegen die Nächstenliebe, sondern Betätigung derselben. Sonst hätte auch Christus unchristlich gehandelt, als er aus Liebe zur wahren Religion mit einer Geißel jüdische Händler und Geldwucherer aus dem Tempel trieb. Jesu Zorn bei der Tempelaustreibung war ein heiliger Zorn, eine heilige Liebe. Unser Vorgehen gegen die Juden können und dürfen wir getrost damit rechtfertigen.«

(J. A. Kofler, Katholische Kirche und Judentum, München 1931, S. 18.)

An anderer Stelle ist zu lesen:
»Judengegnerschaft ist Notwehr. Notwehr aber ist niemals Verstoß gegen christliche Nächstenliebe.

Judengegnerschaft ist endlich auch zukunftbesorgtes Christentum.«

(J. A. Kofler, ebd., S. 21.)

In der bisher beschriebenen Phase argumentierte man vorwiegend national-religiös, d. h. immer mit dem Blick auf ein sogenanntes gesundes Volkstum, wobei man im Alten Testament einen Anwalt für gesundes Volkstum sehen wollte, um gleichzeitig aber alles vermeintlich Gegenteilige zu eliminieren.

Die national-religiöse Phase der Jahre 1930/31 ist in den folgenden Jahren ein wenig in den Hintergrund gerückt worden durch eine neue Phase, die wir als christozentrische Betrachtung des Alten Testaments charakterisieren können.

54

2. Phase 2: Christliche Brille

Christen wollen es besser wissen

Diese Phase ist gekennzeichnet durch ein epochemachendes Werk des häufig genannten Autors Wilhelm Vischer mit dem Titel: »Das Christuszeugnis des Alten Testaments«. In diesem Werk unternimmt Vischer den Versuch, Christus als *das* Auslegungskriterium des Alten Testaments zu verstehen. Alle Aussagen des Alten Testaments sollen sich auf diesen Messias beziehen lassen. Es kommt gar nicht mehr darauf an, welche Schichten, welche Verzweigungen der Werdegang der alttestamentlichen Literatur aufzuweisen hat, ebensowenig ob es einheitlich ist. In erster Linie ist für Vischer die einheitliche Bezeugung des kommenden Christus wichtig, wie sie ihm in den Texten des Alten Testaments aufscheint.

Vischer macht in seinem 1934 erschienenen Werk deutlich, daß wir das Alte Testament als Christen nur mit den Augen des Christen und des Neuen Testaments lesen dürfen. Die Forschung, die sich darauf konzentriere, sei gar nicht so sehr Christensache und Sache der theologischen Arbeit an theologischen Fakultäten. Es komme lediglich darauf an, im Alten Testament die Spuren Christi zu entdecken. Es sei das Grundlagenwerk, weil es sich mit den Augen Jesu lesen lassen müsse und in allem und jedem christliche Züge entdecken lasse.

Das ist eine gewisse Form allegorischen Umgangs mit dem Alten Testament, d. h. es soll ausschließlich mit der Brille des Christen zu lesen sein. All das findet keine Gültigkeit, ist nicht relevant, was nicht unmittelbar auf Christus hin gelesen werden kann.

Wir können uns vorstellen, daß diese scheinbar klare und attraktive Position einen ziemlichen Anklang gefunden hat, hat sie doch den Theologen einen Schlüssel an die Hand gegeben, sich mit dem Alten Testament nicht mehr mit der nötigen Eindringlichkeit befassen zu müssen, denn es brauchte ja nur auf Christus hin interpretiert zu werden. Es bedurfte keiner weiteren intensiven Nachfrage nach der Eigenintention und dem Eigenwert alttestamentlicher Texte.

Hier muß natürlich kritisch angemerkt werden, daß dies eine Überbeanspruchung, ja Vergewaltigung des Alten Testaments ist. Das Alte Testament behält seine Eigendynamik auch und gerade dann, wenn ihm nicht das Mäntelchen der Hinführung auf Christus übergehängt wird. Es ist nicht in dieser monomanen Weise mit Jesus und seiner Botschaft zusammenzuführen und schon gar nicht auf Christus hin zu beziehen, so daß es jede selbständige Autorität und jeden eigenwertigen Anspruch verlieren würde. Im Gegenteil, es sei hier gleich angemerkt, das Alte Testament verfügt über die Kraft der Einrede in Kirche und Gesellschaft, so daß man ganz radikal – selbstverständlich mit Mißverständnissen behaftet – auch sagen könnte, es gibt ein Christsein ohne das Neue Testament. Es mag sein, daß viele damit zunächst nicht zurechtkommen, aber es lohnt sich, darüber nachzudenken. Wenn wir uns Jesus anschauen: Jesus hatte das Neue Testament nicht. Trotzdem ist Jesus ein guter Christ gewesen, ebenso wie seine Jünger ohne das Neue Testament gute Christen gewesen sind und sich auf der Basis des Alten Testaments als Jesuaner oder Messianer, d. h. Christen, in der Nachfolge dieses Jesus Christus haben verstehen dürfen. In diesem Sinn ist ihr Jünger-Sein Christ-Sein. Darüber werden wir später noch intensiver nachdenken.

Wilhelm Vischer hat seine Ideen schon etwas früher als in seinem Buch in der Zeitschrift »Theologische Blätter« von 1931 niedergelegt und darin unmißverständlich zum Ausdruck gebracht, daß die Auslegung des Alten Testaments nur und eigentlich durch Christus möglich sei. Er schreibt:

»Gott hat Israel zu einer lebendigen Geschichte erwählt, auf daß sein Wille auf Erden geschehe wie im Himmel. . . . Gott nennt seinen Namen im AT ›Ich werde sein, der ich sein werde‹. Und immer wieder heißt es: ›Das Wort des Herrn geschah‹. Gott herrscht nicht als ein starres historisches Gesetz, sondern als der freie gegenwärtige Gebieter. Darum ist im AT das Gesetz mit der Geschichte verwoben und die ›Tora‹ an die Bücher der ›Propheten‹ gebunden.

In dem Wort, das Gott den Propheten in den Mund legt, ist er von Generation zu Generation gegenwärtig als der Herr. Und sein Wort geschieht; es schafft die Geschichte. Drum gehören Prophe-

ten und Geschichte zusammen. Die geschichtlichen Bücher ...
enthalten Weissagungsgeschichte und sind prophetisch geschrieben. ... Die atl. Geschichte ist im Wissen um die Zukunft, im Hin-
blick auf das Ende geschrieben. ... Alle Gottverheißungen sind
Ja und Amen in Jesus Christus. Er ist das Ziel aller Wege, die die
Genossen des Alten Bundes gegangen sind. Aber mit seiner Men-
schwerdung ist das Ziel noch nicht erreicht, die Erfüllung noch
nicht erfüllt. ... Auch wir sehen die Herrlichkeit Christi nur im
Glauben wie Abraham. ... Auch wir also, die Gemeinde des NT,
leben vom Glauben an die Verheißung, und zwar an dieselbe Verheißung wie die Väter. Nur, daß wir sie deutlicher erkennen, ›quia
Evangelium digito monstrat quod Lex sub typis adumbravit‹«.

(Wilhelm Vischer, Das Alte Testament und die Verkündigung, in: Theologische
Blätter 10, 1931, S. 11.)

Das ist also das »Prä« des Christen, daß er viel besser als die
Juden und die Menschen des Alten Testaments erkennt, worum es
eigentlich geht. Es spricht uns letzten Endes das Neue Testament die
Legitimation zu, mit dem Alten Testament in richtiger Form umzugehen. Vischer schließt diesen Aufsatz mit den Worten:
»Wenn ich die Bücher des Alten und des Neuen Testaments
nehme, und ohne auszuwählen, auf mich beziehe, dann finde ich
keine Ecke mehr, in der ich mich vor dem Herrn, der mein Leben
beansprucht, verstecken könnte.«

(Wilhelm Vischer, ebd., S. 12.)

Auch hier ein ganz geschickter Umgang mit dem, was refor-
matorisches Erbe ist, nämlich die Beziehung des Wortes Gottes auf
den Lebenden und Glaubenden. Das »pro me«, das »Für-mich-
Geschrieben-Sein« wird proklamiert, doch gleichzeitig wird das
»Für-den-anderen-Sein«, d. h. auch für den Juden, ausgeklam-
mert. Es wird nicht anerkannt, daß es eine Schrift gibt, die als Basis
des Judentums ihr eigenes Recht und ihre eigene Würde hat, ohne
daß sie vom Christentum rezipiert werden müßte. Es fehlt die Einsicht, daß das Alte Testament vom Christen nur in tiefer Solidarität
mit den Judentum in Händen gehalten werden kann.

Selektive Vereinnahmung

Das Alte Testament in den dreißiger Jahren, – das hört sich an wie eine einfache geschichtliche Reflexion, wie eine Bestandserhebung aus der Zeit, die auf den ersten Blick wie jede andere Zeit zu sein scheint. Es geht aber dabei um die Zeit vor der großen Katastrophe, die das Judentum betroffen hat. Die Überschrift unseres Kapitels soll ja auch anzeigen, welche enorme Herausforderung sich mit diesem Thema verbindet, das wir eigentlich gar nicht akademisch abhandeln können. Eine reflektorische Betrachtung scheint aber doch wichtig, um Prozesse dieser Art in ihrem typischen Ablauf zu durchschauen, die Zeit der Diskussion in den frühen dreißiger Jahren vor Beginn des Krieges auszuleuchten, soweit es hier um die Wertung und allmähliche Ausblendung des Alten Testaments geht.

Diese Verabschiedung vom Alten Testament scheint eine der wesentlichen Ursachen dafür zu sein, daß das Christentum sich in dieser Zeit in einem entscheidenden Punkt selbst aufgegeben hat. Das sage ich bewußt auch angesichts der Formen des Widerstandes, der Résistance, deren Spuren sich tief eingegraben haben. Insgesamt gilt aber: das Christentum selbst hat sich seiner Basis beraubt.

Diese Aussage soll in Fortführung der Einblicke in Stellungnahmen und Zitate der dreißiger Jahre, soweit sie von führenden Theologen und Bibelwissenschaftlern stammen, noch weiter verdeutlicht werden.

Die christozentrische Phase wurde bereits an Hand eines Aufsatzes aus dem Jahre 1931 von Vischer erläutert.

Vischer hat sein 1934 erschienenes Buch auf der Basis dieser ersten Entwürfe geschrieben, eine klare und in sich natürlich attraktive Position, die das Alte Testament auf Jesus Christus bezieht, aber gleichzeitig in seiner Eigenwertigkeit entmächtigt.

Gegen diese christozentrisch orientierten Aussagen Vischers haben sich andere führende Bibelwissenschaftler dieser Zeit ausgesprochen. Vischers Buch hat also keineswegs allenthalben Anklang gefunden. Kritik haben vor allem Theologen geübt, die auch nach dem Krieg ihren Namen behalten haben und deren Werke bis heute als Standardliteratur der alttestamentlichen Theologie angesehen werden können.

Zunächst ist die bekannte»Theologie des Alten Testaments« in zwei Bänden von Gerhard von Rad zu erwähnen, ebenso die Theologie von Walter Eichrodt, die mehr systematisch orientiert ist, während Gerhard von Rads Theologie eher geschichtlich, heilsgeschichtlich, überlieferungsgeschichtlich ausgerichtet ist. Diese beiden Theologien sind eigentlich aus den Auseinandersetzungen der dreißiger Jahre herausgewachsen. Beide Autoren stellen sich recht einmütig gegen diese Christozentrik in der Betrachtung des Alten Testaments.

Dazu einige Proben:

Zunächst aus einem Aufsatz von Gerhard von Rad in Auseinandersetzung mit Wilhelm Vischers Buch:»Das Christuszeugnis des Alten Testaments«, erschienen 1935 in der Zeitschrift»Theologische Blätter«:

»Der Pentateuch liest sich wie ein einheitliches und wie ein auf die Dauer doch auch etwas monotones Weissagungsbuch auf Christus. Die Quellen sind zusammengelegt, ihre scharfen theologischen Profile geglättet, dann sind die großen Textzusammenhänge zerschlagen in eine Unzahl von kleinen Einheiten, die jeweils alle von sich aus nach einem eklektischen Biblizismus ihre theologische Bedeutung vom Neuen Testament her bekommen, – so bewegt man sich mit Vischer durch die ersten Bücher des Alten Testaments wie in einem breiten Strom, in dem alle Wasserteilchen nach allen Seiten hin die gleich Cohäsion haben.

Gegen diese Art, das Christuszeugnis aus dem Alten Testament zu erheben, indem man die alttestamentlichen Aussagen jedesmal auf den allgemeinst möglichen Nenner stellt, so daß die wahre Meinung der Texte bis zur Unkenntlichkeit vereinerleit ist – dagegen müssen wir uns wehren. Und wieder sei es gesagt: wir wenden uns damit nicht gegen ein Zuviel, sondern gegen ein Zuwenig. Der Chor der Stimmen, die Gottes Gericht und Heil bezeugen, ist unendlich viel reicher als Vischer ihn darstellt. Gott hat im Alten Testament nicht auf einerlei Weise, sondern auf ›mancherlei Weise‹ geredet.«

(Gerhard von Rad, Das Christuszeugnis des Alten Testaments. Eine Auseinandersetzung mit Wilhelm Vischers gleichnamigem Buch, in: Theologische Blätter 14, 1935, Sp. 252.)

Wir lesen hier sehr wichtige Feststellungen, die die Differenziertheit des Alten Testaments und die Mannigfaltigkeit seiner Botschaft unterstreichen wollen. Deswegen das Schlußurteil von Gerhard von Rad zu Vischers Buch:

»Davor muß um so dringender gewarnt werden, weil wir glauben, daß wohl schon lange nicht mehr so viel Verheißung auf unserer Arbeit am Alten Testament lag wie heute, eben weil wir die Texte heute geschichtlich besser verstehen und an die Geschichte wollen wir doch wegen Joh 1,14 so dicht wie möglich herankommen. Deshalb dürfen wir uns aus dieser Lage, in die wir heute gestellt sind und an die wir uns durch unser intellektuelles Gewissen verpflichtet fühlen, unter keinen Umständen herausrufen lassen; auch wenn jene vereinfachte theologische Auslegung vielen verlockender und vollhaltiger erscheinen mag.«

(Gerhard von Rad, ebd., Sp. 254.)

Natürlich verbirgt sich hinter dieser Stellungnahme Gerhard von Rads die deutlich zu spürende Befürchtung, daß die Konzentration auf eine christologische oder christozentrische Auslegung des Alten Testaments eine Entwertung dieser Basisurkunde im Gefolge hat. Gerhard v. Rad wendet sich mit Recht gegen diese einseitige, »vereinerleiende« Integration.

Ein vielsagender Zusatz der Schriftleitung der Theologischen Blätter zu dieser fast prophetischen Stellungnahme von Gerhard von Rad:

»Wir halten uns für verpflichtet, diesem Aufsatz, der in der ›Evangelischen Theologie‹, der er zuerst angeboten war, aus verlegerischen Gründen nur unter Schwierigkeiten hätte unterkommen können, in den ThBl Raum zu geben«.

(Theologische Blätter 14, 1935, Sp. 254.)

Wir müssen diese Notiz als einen aussagekräftigen Hinweis auf die Schwierigkeit einer solchen offenen Kundgabe verstehen.

Gerhard von Rad hat natürlich in dieser Stellungnahme etwas Richtiges gesagt; das Alte Testament verlangt nach einer Respektierung seiner Sprache, seines Werdegangs und es soll nicht ausschließlich auf Christus hin gelesen werden. Dennoch vermissen wir auch bei Gerhard von Rad die eindeutige Feststellung, daß dieses

Werk das Werk des Judentums ist, daß es im Judentum zuhause ist und das Judentum nicht eine abgestorbene Religion ist, sondern eine lebendige mit genügend Anhängern, die ein Recht darauf haben, voll respektiert zu werden. Wir vermissen auch bei Gerhard von Rad die Anerkenntnis, daß nicht nur das Alte Testament, sondern auch die Bewegung, die sich an das Alte Testament anschließt, das Judentum, das diesen Text als genuine Grundurkunde kennt, sich als Herausforderung für das Christentum weiterhin bewegt, bewegen soll und darf und daß Juden und Christen voneinander lernen. Dieses Zugeständnis ist bei Gerhard von Rad nicht mit der gebotenen Eindringlichkeit und Eindeutigkeit zu finden. Dazu hätte es wohl noch eines besonderen Engagements des Rufers wider den Zeitgeist bedurft. So wird es uns heute nicht mehr genügen, wenn Gerhard von Rad im Jahre 1937 sagen zu müssen glaubte:

»Das ganze Alte Testament ist für uns ein Buch, das auf unseren Herrn Jesus Christus vorbereitet, denn der Gott, von dem es auf jeder Seite, in jedem Kapitel redet, ist der Vater Jesu Christi. Was es von dem Gericht und dem Heil dieses Gottes zu sagen weiß, was den alttestamentlichen Menschen geoffenbart wurde von der Heiligkeit und Liebe des lebendigen Gottes, das ist in Jesus Christus endgültig und abschließend in Erscheinung getreten. Er ist uns der Bürge für die Wahrheit und Wirklichkeit alles dessen, was die alttestamentlichen Zeugen (zum Teil noch unvollkommen) von Gott aussagen, und damit ist das Alte Testament unser Buch geworden.«

(Gerhard von Rad, Das Alte Testament – Gottes Wort für die Deutschen!, Berlin 1937, S. 11.)

Wir wollen ein weiteres Zitat auf dieser Ebene der christozentrischen Betrachtungsweise vorlegen, aus einer etwas jüngeren Schrift von Wilhelm Vischer, der die Diskussion mit weiteren Antworten bereichert hat. Vischer hat sicher in guter Absicht versucht, dem Trend:»Fort mit dem Alten Testament« auf seine Weise zu begegnen. Im Grunde aber hat er das Ziel durch verengende Perspektiven verfehlt.

Er sagt in einer Schrift, die 1938 erschienen ist, über »Die Bedeutung des Alten Testaments für das christliche Leben«:

»Die frohe Botschaft, daß durch die Geburt Jesu Christi als Sohn Abrahams und Sohn Davids jedem Menschen, der daran glaubt, die Möglichkeit und das Recht zum Leben allein aus Gnade geschenkt wird, dem Heiden so gut wie dem Juden, hielten die Juden für die Auflösung des Alten Testaments. Wie schwer es selbst der ersten Christengemeinde geworden ist, damit Ernst zu machen, daß durch Jesus Christus die Schranke zwischen den Juden und den anderen Menschen aufgehoben ist, erfahren wir aus der Apostelgeschichte und aus den Briefen des Apostels Paulus. Und doch ist die Botschaft, daß alle Geschlechter der Erde durch den Christus Israels zum Leben begnadigt werden, in Wahrheit die Erfüllung des Alten Testaments. Denn weder Abraham noch Israel sind um ihrer selbst willen von Gott berufen worden. Von Anfang an war klar gesagt, daß alles, was Gott mit seinen Auserwählten tut, zur Rettung der Welt dienen wird und zur Rechtfertigung seiner Geduld, in der er den Menschen trotz der Sünde Adams das Leben läßt und immer wieder neu schenkt und erhält. Jetzt ist der Eine geboren, der als ›die Hoffnung Israels‹ allen, die an ihn glauben, das Recht zum Leben gibt.«

(Wilhelm Vischer, Die Bedeutung des Alten Testaments für das christliche Leben, Zollikon 1938, S. 17.)

Die Formulierungen kommen uns vertraut, einsichtig und akzeptabel vor. Trotzdem spürt man beim Lesen zwischen den Zeilen, daß es dem Autor nicht um eine vollwertige Integration des Gesprächs mit dem Judentum geht, sondern daß ihm daran liegt, die Christusbotschaft als die eigentliche Quelle und als das Kriterium der Einordnung des Alten Testaments zu sehen.

Es soll noch eine Stellungnahme von Ernst Sellin folgen, den wir schon als einen Vertreter der völkisch-national-religiösen Phase kennengelernt haben. Auch er hat zu Vischers christozentrischer Interpretation Stellung genommen und sagt dazu:

»Solcher Stoffe gibt es im Pentateuch und den historischen Büchern neben allen andern, in denen uns prophetischer Geist entgegentritt, manche. Sie alle sind für unsern christlichen Unterricht erledigt; darüber sollte man eigentlich kein Wort zu verlieren brauchen. Verträgt sich eine Erzählung mit dem Geiste Christi, tritt uns in ihr der Gott entgegen, den dieser seine Jünger gelehrt hat? Das ist der untrügliche Merkstein, an dem wir die Tauglichkeit alttestamentlicher Stoffe für den christlichen Religionsunterricht und die

Predigt zu prüfen haben. Und handeln wir danach, so werden, wenn einmal erst die gegenwärtige Psychose in der Beurteilung des A.T. vorüber ist, die Einwände gegen die Verwendung desselben auch wieder verstummen. Sonst aber werden sie bleiben.

... Wir leugnen nicht, daß wir im A.T. auch viel Antikes, Menschliches, Jüdisches finden, das für uns Christen erledigt und abgetan ist. Aber bald daneben, bald auch eng damit verbunden beobachten wir die Spuren des dreimal Heiligen, hören die Stimme des uns in Christo offenbar gewordenen Gottes, sein ewiges Wort. Und deswegen können wir nicht vom A.T. lassen«.

(Ernst Sellin, Das Alte Testament im christlichen Gottesdienst und Unterricht, Gütersloh 1936, S. 46 f.)

Diese Christozentrik in der Auslegung des Alten Testaments kann solche Konsequenzen aus sich entlassen, die zu dem Schicksalsweg des Alten Testaments in den dreißiger Jahren geführt haben. Wenn wir diese Zeit unter dem Blickwinkel der Katastrophe rückwärtsschauend betrachten, in einer Art »relecture«, einem Wiederlesen nach Auschwitz, dann wird uns deutlich, daß das Alte Testament aus dem christlichen Bewußtsein sukzessiv ausgeblendet worden ist, daß es nicht mehr in seiner eigenen Würde und Inspiration für Christentum und Judentum gleichermaßen betrachtet wurde.

3. Phase 3: Gesetz kontra Evangelium

Eine weitere Phase scheint mir durch eine Stellungnahme von dem Neutestamentler Emanuel Hirsch eingeleitet worden zu sein.

Das »ungültige« Buch

Emanuel Hirsch hat im Jahre 1936 ein Buch geschrieben mit dem Titel:»Das Alte Testament und die Predigt des Evangeliums« (Tübingen 1936).

Nach Emanuel Hirsch ist das Alte Testament in seiner Gesamtheit und in allen Details »Dokument einer Gesetzesreligion« (S. 26) und »das im Neuen aufgehobene und ungültige Buch« (S. 61). Deswegen erklärt er auch, »daß wir Christen nichtjüdischen Bluts überhaupt kein unmittelbares Verhältnis zum AT haben (es geht uns als Offenbarung an sich selbst nichts an), sondern lediglich ein durch das NT vermitteltes Verhältnis zum AT« (S. 16). Der Glaube an den deus absconditus bedeute »die uns vom Evangelium wegführende Unwahrheit« (S. 32).

Die Gedanken Emanuel Hirschs hat Gerhard von Rad in einer eingehenden Rezension seines Buches kritisch aufgenommen und reflektiert.

»Ohne der Stimme des NT weiteres Gewicht zuzuerkennen wird die Fülle des atl. Zeugnisses als Gesetz verstanden und ihm eine besondere Offenbarungsqualität abgesprochen. Es bedarf wohl keiner umständlichen Erklärung, daß dies doch eigentlich ein Aufgeben des NT bedeutet«.

(Gerhard von Rad, Gesetz und Evangelium im Alten Testament. Gedanken zu dem Buch von E. Hirsch: Das Alte Testament und die Predigt des Evangeliums (1936), in: Theologische Blätter 16, 1937, Sp. 41 f.)

Emanuel Hirschs Position ist im Zusammenhang mit der Bewegung der sogenannten »Deutschen Christen« entwickelt worden, für die sich Emanuel Hirsch reichlich stark gemacht hat. Die »Deut-

schen Christen« haben im Jahre 1938 ein Mitteilungsblatt herausgebracht mit einer Verteidigung des Programms »Gesetz und Evangelium«. Darin ist unter anderem in Weiterführung der bisherigen national-religiösen und christo-zentrischen Ansätze zu lesen:
»Die im Entstehen begriffene positiv christliche deutsche Nationalkirche weiß, daß sie ihre Aufgabe auf das ihr ureigentümliche Gebiet beschränken darf, auf das der Seelsorge im weitesten Sinn. Wir setzen damit bewußt die Reformation Dr. Martin Luthers fort. Luther hat das deutsche Volk einst von der kirchlichen Gesetzesherrschaft befreit. Der Führer hat die Gesetzlichkeit endgültig aus dem religiösen Raum herausgenommen und sie von der Religion weg auf Partei und Staat übertragen und damit die notwendige reinliche Scheidung der Aufgaben von Kirche und Staat vorgenommen. Jetzt erst ist das Christentum in Deutschland in der Lage, ungehindert die herrliche Freiheit der Kinder Gottes zu verkündigen. Christus hat nie religiöse Gesetzesvorschriften erlassen, sondern an das Herz, an die Gesinnung des einzelnen appelliert. Es kam ihm darauf an, den einzelnen in das richtige Verhältnis zu Gott zu bringen. Was Gott mit dem einzelnen und mit dem Volk will, das zeigt er uns in den äußeren Ordnungen, nach denen wir im Rahmen der Volksgemeinschaft zu leben haben. Im positiven Christentum geht es fortan einzig und allein um die Sphäre des Lebens, die auch im völkischen Reich der ureigenste Besitz des einzelnen bleibt, um die innerste Freiheit, um die Freiwilligkeit in der Liebe. Die Liebe, die Gemeinschaft baut, läßt sich niemals befehlen, sie bleibt auch in unserem Reich eine Gabe dessen, den unsere Väter den heiligen Geist nannten. Und da steht sie dann vor uns, die Gestalt des Heilandes, als Helfer und Vorbild dessen, was und wie wir sein sollen, nicht was wir tun sollen. Unser Christentum setzt ein, wo die Frage brennend wird: ›Was hülfe es dem Menschen, wenn er die ganze Welt gewönne und nähme doch Schaden an seiner Seele!?‹«

(Emanuel Hirsch, Gesetz und Evangelium, in: Mitteilungsblatt der evangelisch-lutherischen Kirche Mecklenburgs 3, 1938, S. 19.)

Wir finden in dieser Argumentation eine Mixtur von durchaus attraktiven und vertrauten Formulierungen gepaart mit einer Verbeugung vor der national-völkischen Idee, vor der christo-zentrischen Interpretation des Alten Testaments und vor allem vor der

Devise: Gesetz gegen Evangelium, d. h. vor der Einstellung: wir haben nunmehr das Evangelium, die eigentliche Freiheit der Christenmenschen vor uns und damit das Gesetz endgültig hinter uns.

Es sei hier noch einmal daran erinnert, daß nur Stellungnahmen von evangelischen Bibelwissenschaftlern herangezogen werden können, weil es auf katholischer Seite nicht genügend engagierte Bibelwissenschaftler gegeben hat, die sich zum Thema geäußert haben, obwohl wir davon ausgehen können, daß die zitierten Intentionen auch dort ihre mehr oder weniger geheimen Vertreter gehabt haben. Die katholischen Bibliker haben sich nicht in die Diskussion eingeschaltet, weil sie es anscheinend den kirchlichen Stellen überlassen wollten, in der Öffentlichkeit Stellungnahmen abzugeben. Kardinal Faulhaber ist hier leider sehr unrühmlich in einer Relativierung alttestamentlicher Gegebenheiten und der Interessen des Judentums hervorgetreten. Das muß in aller Eindeutigkeit festgestellt werden.

Ich zitiere aus der zweiten Adventspredigt des Kardinals vom 10. Dezember 1933:

»Wohl aber dürfen wir und müssen wir von den Schatten der alttestamentlichen Sittenlehre uns frei machen. Die Losung unserer Tage ›Los vom Alten Testament‹ kann also für uns nur bedeuten: Los von den Schatten des Alten Testamentes! Los von allem, was Cham und Onan und Thamar waren! ›Brüder, ihr seid zur Freiheit der Kinder Gottes berufen‹, schreibt der Apostel, ihr habt das Joch der alten Gesetze abgeworfen, ›ihr dürft aber diese Freiheit nicht gebrauchen, um dem Fleische nachzugehen‹ (Gal. 13,19). Los vom Alten Testament kann für uns nur bedeuten: Los von dem Pharisäismus, der so wenig von den vielen Lichtern des Alten Bundes spricht und so viel von seinen wenigen Schatten! Der am eigenen Volk nichts als Lichter und an anderen Rassen nichts als Schatten findet! Los von den Fluch- und Racheliedern des Alten Testamentes! Der Haß ist keine christliche Tugend, gleichviel gegen wen er sich richtet. Rachsucht ist Rückfall in die jüdische Vorzeit. Los von der Lügenhaftigkeit Jakobs und von der Genußsucht eines Ecclesiastes! Wir müssen uns von den Schatten der altjüdischen Sittenlehre frei machen.«

(Kardinal Faulhaber, Die sittlichen Werte des Alten Testamentes und ihre Aufwertung im Evangelium, München 1933, S. 23 f.)

Emanuel Hirsch hat der Stimmungslage der »Deutschen Christen« weithin entsprochen, es war auch seine Überzeugung und er sagt in einer Stellungnahme zu einem Dokument der »Deutschen Christen«:

> »Ich bin längst dessen gewiß, daß die reformatorische Lehre von Gesetz und Evangelium sich nicht festhalten läßt, wenn man ein besonderes theologisches Lehrgesetz, eine besondere christliche Weltanschauung und ein besonderes christliches Sittengesetz zu unveräußerlichen Bestandteilen der Offenbarung Gottes in Jesus Christus macht. ... eben das Kostbarste an der Reformation, die Lehre vom Evangelium, das vom Gesetz frei macht, geht ihnen wider Willen verloren, indem sie aus der alten Gestalt der Lehre und des Bekenntnisses ein der Kirche auferlegtes Gesetz machen.«

(Emanuel Hirsch, ebd., S. 20.)

Emanuel Hirsch wendet sich an eine neue Gesetzlichkeit, wie er sie in der damaligen Theologie vermutet und möchte mit dem »Ja« zu dieser neuen völkisch-nationalen Orientierung und zur angeblichen Freiheit des Christenmenschen im Zuge einer Kollaboration eine wirkliche Befreiung vom Gesetz erkennen.

Altes Testament ja, Judentum nein

Es sollen jetzt nicht noch weitere solcher Stellungnahmen herangezogen werden, mit Ausnahme der Antwort, die Gerhard von Rad Emanuel Hirsch gegeben und sich dabei gegen die Rolle des Alten Testaments in Hirschs Buch »Das Alte Testament und die Predigt des Evangeliums« gewandt hat.

Gerhard von Rad sagt mit gutem Grund:

> »Gesetz und Evangelium ruhen im AT viel ungeschiedener ineinander. Selbst das reinste göttliche Befehlswort ist nicht ohne Evangelium und ... auch die kühnste prophetische Heilsweissagung trägt auch noch Gesetz in sich. Und eben in diesem Doppelsinn wird das AT im Neuen allerorts angezogen, und da ist kein theologisch grundsätzlicher Unterschied zu erkennen. Paulus wie Johannes, Petrus wie Lukas!«

(Gerhard von Rad, Gesetz und Evangelium im Alten Testament, in: Theologische Blätter 16, 1937, Sp 44.)

Von Rad bringt hier zum Ausdruck, daß das Gesetzliche im Alten Testament keineswegs durch das Neue Testament nivelliert, aufgehoben, verdrängt oder unwirksam geworden sei. Die Position Gerhard von Rads leidet aber, wie schon angedeutet, etwas daran, daß eine bewußte Integration des zeitgenössischen Judentums fehlt. Die Bibelwissenschaft dieser Zeit hat im Grunde vor dem Anspruch versagt, das bedrängte Judentum in seiner Eigenwürde, auch in seiner Verletzlichkeit zu akzeptieren. Es ist zweifellos ein engagiertes, kritisches, theologisch stimmiges Urteil gesprochen worden, das aber bei aller Korrektheit und theologischen Plausibilität unter einem entscheidenden Defizit leidet, nämlich der Desintegration der Stimme des lebendigen und zeitgenössischen Judentums.

Diese drei Phasen, die wir wurzelhaft schon in den frühen dreißiger Jahren verankert sehen, die sich aber schwerpunktmäßig weiter herausgebildet haben, haben dann in der Kriegszeit zur ideellen Verwerfung dieser Grundurkunde, des Alten Testaments und mit ihm zur Verwerfung des Judentums geführt.

Die Stimmen, die sich gegen diese Wertungen ausgesprochen haben, können allesamt nicht als Stimmen gelten, die dem Judentum gerecht geworden wären. Das Christentum hat in dieser entscheidenden Phase des Ringens um die Gültigkeit des Alten Testaments versagt und trägt deswegen einen gewaltigen Anteil an Schuld daran, daß die Grundurkunde des Judentums ausgeblendet worden ist.

III. Das Alte Testament: immer unter christlicher Besatzung

Wir wollen nun in einem weiteren Darstellungsbereich versuchen, den Vorgang dieser Engführung des Alten Testaments bis in das Vorfeld seiner Ausblendung gegen Ende der dreißiger Jahre in einen größeren Zusammenhang hineinzustellen, der die Geschichte des Christentums und der abendländischen Kirche überhaupt betrifft, hier vor allem die Prozesse der Herausbildung der christlichen Kirche in ihren Anfängen, der dann aber auch einen Vergleich mit der gegenwärtigen Erfahrung der Beziehungen zwischen den christlichen Kirchen und dem Judentum durchführen läßt.

1. Profilierung und Profilneurose

Ich glaube, die These aufstellen zu können, daß das, was in den frühen dreißiger Jahren in der Diskussion um die Rolle des Alten Testaments in der christlichen Kirche zur Sprache gekommen ist, in gedrängter Form eine spiegelbildliche Wiedergabe dessen darstellt, was wir in der vorhergehenden Theologiegeschichte seit Beginn des Christentums im Abendland vor uns haben, ungeachtet der Tatsache, daß in dieser Zeit der fast zweitausend Jahre Theologiegeschichte eine riesige Palette von theologischen Lehrmeinungen und Lehrentscheidungen das Feld beherrscht. Auf die Gefahr hin, Geschichte vereinfachend und vorschnell in Phasen zu unterglicdern, kann man sich der Einsicht nicht verschließen, daß am Anfang des Christentums im Abendland auch die Bemühung steht, sich als ein neues Volk Gottes zu definieren, als das neue Israel. Diese neue Organisation hat dann begreiflicherweise begonnen, über ihren Stifter nachzudenken, die Rolle zu beschreiben, die Jesus Christus im Gesamtrahmen dieser neuen Ära zufällt. Die Konzentration auf christologische Fragen in der Alten Kirche ist ein großer Durchbruch in dieser Richtung, bis es im Laufe des Mittelalters zu immer neuen, schulenbedingten Betrachtungsweisen und Perspektiven kommt, um dann aber in eine Phase der Institutionalisierung und Festschreibung des theologischen Besitzstandes einzumünden, einer nomistischen Strukturierung des Christentums am Vorabend der Reformation. Das Kirchenrecht hat sich im Lauf der Kirchengeschichte Positionen erobern können, die nicht anders denn als Sicherungsmaßnahmen auf dem Rückzug in bloße Selbstbehauptung verbunden mit ängstlicher Abwehr konstruktiver Innovation begriffen werden sollten.

Wir haben also auch hier im Rahmen des Gesamtablaufs der abendländischen Theologiegeschichte eine solche Mehrphasigkeit der Konzentration, die einen gewissen typischen Charakter beanspruchen darf.

Ich glaube als weiteres auch sagen zu können, daß die Nachkriegsbetrachtung des Alten Testaments wiederum eine besondere Spiegelung dieser Phasen darstellt. Dies wird später noch Gegenstand der Betrachtung sein. Es empfiehlt sich, hier zunächst noch einmal die Selbstfindungsprozesse des Christentums näher ins Auge zu fassen. Ist dieses Christentum legitimiert, als das neue Israel dazustehen? Mit der Integration in das Römische Reich, dem Hinauswandern aus der palästinischen Umgebung ergab sich für das Christentum die Rückfrage an die eigene Begründung und Rechtfertigung: Gelten für die Christen die Ansprüche des Alten Testaments weiter, oder hat das Christentum eine vollständig neue Devise übermittelt bekommen? Wir haben also auch hier – wir können es mit Zitaten aus der Kirchenväterliteratur gut belegen – das Bedürfnis, das Christentum gegenüber dem Judentum zu konturieren, zu behaupten und abzugrenzen. Dabei gewinnt zunehmend der Gedanke Raum, daß das Christentum das eigentliche und das wahre Israel sei.

Im beginnenden Christentum wurden unter dem Einfluß der palästinischen Umgebung und der Judenchristen zunächst Differenzen untereinander ausgetragen, so daß wir zunächst gar nicht von einem antijudaistischen Trend sprechen dürfen. Es handelt sich zunächst bei den Spannungen und Auseinandersetzungen mit dem »Judentum«, die wir im Neuen Testament vor uns haben, in erster Linie um innerjüdische Auseinandersetzungen. Das Christentum hat in seiner ersten Phase den Charakter einer jüdischen Zweiggemeinschaft, wie es deren mehrere gegeben hat, so daß auch die polemischen Spitzen, die wir hier und da im Neuen Testament wahrnehmen und die leichtfertig auf das Judentum als Ganzes ausgedehnt werden, zunächst innerjüdische – das Christentum gehört zu den innerjüdischen Entwicklungserscheinungen – Kontroversen darstellen.

Solche innerjüdische Kontroversen gibt es, seit das Judentum, seitdem Israel existiert. Das kann man für andere Religionen genauso in Anspruch nehmen. Es gibt immer wieder unter dem Dach des gemeinsamen Bekenntnisses und der verbindlichen Traditionsmitte divergierende Positionen, Auslegungen, Verarbeitungen, Stellungnahmen, theologische Richtungen und Schulen, die sich anderen Schulen gegenüber behaupten wollen. So ist im Grunde das Christentum zunächst eine besondere Bewegung innerhalb des Judentums, bis es sich dann in einem zunehmenden Legitimationsbedürfnis und mit der wachsenden Integration in das Römische Reich und in das Abendland eine neue Statusbegründung zulegt. Genau in dieser neuen Statusbegründung liegt ein erheblicher Teil des Antijudaismus und des sogenannten Antisemitismus im Abendland begründet.

Man kann also zu Beginn der Verselbständigung des Christentums eine national-religiöse Ausrichtung feststellen, die zunächst der Frage gilt: Wer ist das wahre Volk Gottes, die Christen oder die Juden? Sind mittlerweile die Christen die Erben Israels geworden? Der Trend geht dahin und entspricht in großem Maßstab dem, was in den dreißiger Jahren noch einmal verlebendigt worden ist, auch in der Rückschau auf die Geschichte.

Die national-religiöse Phase geht dann fast automatisch über in eine jahrhundertelange christologische, christozentrische Diskussion. Es geht um das, was die Botschaft Christi ausmacht. Diese Diskussion beherrscht die Theologie und die theologischen Schulen der alten Kirche und des frühen Mittelalters bis zum Beginn der Neuzeit. Nicht umsonst heißt ein führendes Werk der mittelalterlichen Theologiegeschichte und der Verarbeitung des Neuen Testaments: »De Doctrina Christiana« von Simon von Cassia, ein Lehrbuch für die mittelalterliche und frühneuzeitliche Theologie, möglicherweise auch ein Lehrbuch Martin Luthers. Dieses Werk bietet eine Zusammenfassung des theologischen Wissens um Jesus Christus, es versucht, alles an der Erscheinung des Jesus Christus festzumachen, als dem Angelpunkt des erstarkten, selbstbewußten und unvergleichlichen Christentums.

Nun ein Wort zu der letzten Phase. Auch die nomistische Phase hat in der Verselbständigung der Rechtstradition der Theologiegeschichte eine gewisse Aufwertung erfahren, aber auch eine kritische Reflexion gerade mit Beginn der Reformation, in deren Mittelpunkt die Ablösung des Gesetzesdenkens durch die neue Wertung des Evangeliums gestanden hat. Hier haben wir aber auch ein theologiegeschichtliches Phänomen vor uns, das sich später in geraffter Form wieder zeigt und womöglich immer wieder zeigen wird. Das Reformatorische überzeichnet in wohlmeinender Würdigung der

Innovation durch das Evangelium das Vergangene als Zeit der Vorherrschaft des Gesetzes, so daß die Reform vor der Reformation, das Evangelium im Gesetz zu wenig beachtet wird. Das Christentum ist so von einem Schicksal ergriffen gewesen, das es vorher dem Judentum diktiert hat.

Ich denke, daß diese hier vorgetragene, groß angelegte, zweifellos undifferenzierte Geschichtsschau von der national-religiösen über die christozentrische in den Schulen des Mittelalters bis hin zur Verkündigung des Evangeliums im Unterschied zum Gesetz in der reformatorischen Zeit, das große Entwicklungsschema darstellt, das sich dann in den dreißiger Jahren in einer hohlspiegelbildlichen Verengung wiederholt.

Nun ist dies ein Phänomen der Kirchengeschichte und der theologischen Bewußtseinsbildung überhaupt, so daß wir uns davor hüten sollten, in der Pose (und Posse) des Besserwissers aufzutreten, mit der kritischen Elle heranzugehen und zu urteilen, es sei hier eine totale Fehlentwicklung zu verzeichnen. Es gibt in unseren Tagen Stimmen, die gerade in dieser ekklesialen Entwicklung des Abendlandes eine radikale Fehlentwicklung sehen. Eugen Drewermann meint zum Beispiel, daß schon in der Alten Kirche die Weichen falsch gestellt worden seien.

Ich glaube nicht, daß wir berechtigt sind, den Stab über sämtliche Entwicklungslinien zu brechen, die sich im Laufe einseitiger Konzentrationen im Zuge der kirchlichen Geistes-und Kulturgeschichte gebildet haben.

Trotzdem: Aus der Rück-Sicht, aus der Zurückschau unter der Erfahrung des Holocaust und von Auschwitz muß die abendländische Theologiegeschichte und das Christentum Fragen ausgesetzt werden, warum es sich in dieser Haltung fixiert hat, warum es nicht den nötigen Widerstand aufs Ganze entwickelt hat, warum der abendländische Geist oder besser gesagt, der abendländische Mensch unter dem Einfluß des Christentums nicht fähig war, von Grund auf zu widerstehen. Diese Fragen bleiben eine ständige Herausforderung an das Christentum, an die Theologiegeschichte. Warum konnte keine bewußtseinsbildende Wirkung in der Öffentlichkeit erzielt werden trotz und mit der Aufklärung, mit dem Humanismus, mit der Macht, die den Kirchen zur Verfügung stand? Warum ist es dem Christentum nicht möglich gewesen,

soviel Durchschlagskraft, soviel Meinungsführerschaft zu entwickeln, daß es in der Lage gewesen wäre, diese schreckliche Versuchung in den dreißiger Jahren zu bestehen?

Man wird immer wieder geneigt sein, auf Ausnahmen zu
schauen. Es ist ein beliebtes Spiel, mit solchen Ausnahmen zu ope-
rieren. Mittlerweile ist es auch in der Verarbeitung von Kirchengeschichte üblich geworden, auf Elemente des Widerstandes hinzuweisen. Ich halte von diesen Alibiüberlegungen nicht viel. Das
Gesamt des Christentums hat jedenfalls nicht die Energie besessen,
in einer Zeit außerordentlicher Herausforderung zu bestehen.

Betrachtet man die Theologiegeschichte bis hin zur Ausrottung
des Judentums, so bleibt der Eindruck von der stereotypen Entwertung des Alten Testaments im Christentum bestehen, so daß das
Christentum letzten Endes einen gewaltigen Anteil an Schuld an
dem trägt, was geschehen ist.

Tafel 2

2. Der Standpunkt des Siegers

Für das Verhältnis des Christentums zum Alten Testament ist die Art und Weise charakteristisch, die den Umgang mit den Texten der Schrift jüdischen Ursprungs kennzeichnet.

Die Darstellung auf einem Kapitell der Basilika von Vezelay (Taf. 2) zeigt einen Propheten, der das Korn des Alten Testaments in eine Mühle schüttet, und den Apostel Paulus, der das Mehl einsammelt. Plastischer kann man diesen Umgangsstil kaum illustrieren: Das Alte Testament bedarf der »mystischen Mühle«, um zu einer verdaulichen Speise zu werden.

Ein Blick auf die praktischen Methoden, die man in der Theologiegeschichte des Abendlandes an das Alte Testament herangetragen hat, kann die Vorgänge verdeutlichen.

Die ältesten Interpretationsmuster schließen sich im wesentlichen an frühjüdische Auslegungsformen des Alten Testaments an, allerdings so, daß die frühjüdischen Methoden in einer radikalen Umwertung auf das Christentum hin, auf christliche Belange und Bedürfnisse zugeschnitten wurden.

Die Wege, die das Judentum zum Beispiel in der Verarbeitung der geschichtlichen Literatur des Alten Testaments, der poetischen Bücher der Psalmen oder des Hohenliedes etwa oder auch der prophetischen Literatur gegangen ist, wurden zunächst weiter beschritten, aber doch immer deutlicher auf die Interessen des Christentums hin bezogen. Alttestamentliche Texte sollten nunmehr nur noch im Blickfeld christlicher Erinnerungen an das Neue Testament gedeutet werden dürfen.

Allegorische Auslegung

Hier ist als erste Methode die allegorische Auslegung zu nennen. Sie besagt, daß das gesamte Alte Testament auf eine neue Art zu lesen, zu interpretieren sei. Im Anschluß an Vorgaben des jüdischen

Philosophen und Bibelinterpreten Philo von Alexandria und der eigenen Vätergeneration wollte das Christentum der Alten Kirche das Alte Testament ausschließlich allegorisch lesen. Der Inhalt des Alten Testaments sollte nicht buchstäblich interpretiert werden und es sollte auch nicht zugunsten oder gar ausschließlich unter der Perspektive Israels verstanden werden, sondern es sollte von vornherein als eine bildliche Aussage über Jesus Christus, den wahren Messias, betrachtet werden. Die allegorische Auslegung hat so weit zugegriffen, daß im Grunde kein Text der Bibel vor ihr sicher war. Man hat der Bibel nirgendwo ein Reservat für das Selbstverständnis Israels gelassen, wo Israel oder das Judentum zu sich selber hätte kommen können. Vielmehr wurde das Christentum zu *der* Brille, mit der man das Alte Testament im Griff haben wollte. Auf der Bildebene sollte es gelingen, zu jedem Überlieferungsteil Zugang zu haben.

Nun hat die Auslegung des Alten Testaments auf der Bildebene eine ganze Menge für sich. Die Gegenwart ist dabei, sehr viel aus dem Bildzusammenhang des Alten Testaments neu zu entdecken. Man wird sich aber jetzt und in Zukunft davor hüten müssen, die bildhaften Elemente so in Anspruch zu nehmen, daß man darüber alles, was das Alte Testament an Selbsterfahrung und geschichtlicher Reflexion vermittelt, vergißt und darüber direkt auf eine ganz andere Ebene hinaufsteigt, auf der nur in verschleierter Form von Israel als Vorläufer des wahren Gottesvolkes gesprochen wird. Der eigentliche Inhalt des Alten Testaments sei ja Jesus Christus im Sinne der christozentrischen Interpretation. Die allegorische Auslegung trägt bei aller Nähe zu bildsprachlichen Lebensäußerungen im Alten Testament selbst den Keim der Verfremdung in sich, insofern ihre Bildebene die Bildebene des Alten Testaments eigenwillig transzendiert und verläßt. Das Ernstnehmen des Bildcharakters biblischer Texte muß zu zeitgenössischen Vorstellungen zurückfinden, die ihrerseits neu ins Bild gesetzt werden können.

Typologische Auslegung

Eine andere Form des Umgangs mit dem Alten Testament ist die typologische Auslegungsweise. Typologisch – das heißt, man ver-

Tafel 3

steht das Alte Testament zunächst als eine Ansammlung von typischen Verhaltensweisen und Schicksalen des israelitisch-jüdischen Menschen vor Gott, die dann auch in der christlichen Tradition unter besonderem Einschluß neutestamentlicher Erfahrungen ihre Entsprechung finden. Diese typologische Auslegung ist mit der allegorischen ganz eng verwandt. Sie wird aber dann zu einer eigenständigen und zugleich riskanten Unternehmung, wenn man das Alte Testament als Typos und das Neue Testament als Antitypos betrachtet, wenn man also innerhalb der typologischen Auslegung eine Wertung vornimmt in der Aussage, Adam sei der Typos, Christus der Antitypos. Wird eine solche Konfrontation auf alle alttestamentlichen Aussagen ausgedehnt, geschieht von vornherein eine gewaltige Abwertung des Alten gegenüber dem Neuen.

Klassisches Beispiel dafür ist die Gegenüberstellung von Synagoge und Ekklesia in ihren repräsentativen Belegen im Straßburger Münster und im Bamberger Dom (Taf. 3). Die Darstellungen in Bamberg sind nach meinem Eindruck in ihrer künstlerischen Aussagekraft eindrucksvoller und weiterführender, was die künstlerische Darstellung angeht.

Typos und Antitypos – die Synagoge würde durch einen Antitypos abgelöst, durch die Ekklesia. Die Synagoge mit der Binde vor den Augen, mit dem zerbrochenen Stab und dem herunterfallenden Buch, der Tora, gegenüber der Ekklesia, diese hochgeschlossen und in einsamer Würde dastehend. Jeder aber, der die Bamberger Synagoge mit der Ekklesia vergleicht, wird sogleich feststellen, daß die attraktivere von beiden die Synagoge ist und daß sie trotz Binde vor den Augen besser sieht als die Ekklesia. Die Ekklesia hat sicher den Stolz der Erbauer auf ihrer Seite und das Selbstbewußtsein der Künstler, die diese Kathedralplastiken des 13. Jahrhunderts geschaffen haben, es fehlt ihr aber die Dynamik, die der Synagoge innewohnt. Ähnliches könnte man auch von der Straßburger Darstellung dieses Paares sagen.

Eine künstlerische Betrachtung kann allerdings einen Durchstoß wagen, der über den Augenschein und die Ideologien, die sich mit dem typologischen Denken verbinden, hinausgreift. Ich denke, daß der Künstler, der die Bamberger Synagoge geschaffen hat, eine Art Vision oder Ahnung davon hatte, daß in diesem Israel doch mehr verborgen und enthalten ist, als es mit der zeitgenössischen Betrachtung zu vereinbaren war. Die Abwertung des Alten Testaments konnte so auf dem künstlerischen Wege durchbrochen werden. Der Künstler hat die Dynamik erkannt: man kann ihm einen Vorschuß an Einsicht in die wahren Verhältnisse zubilligen, denn er sah, daß die Synagoge für den Christen mehr bedeutet, als es vielleicht die Theologie lehrt und er hatte eine Ahnung davon, daß sie eine bleibende Attraktivität besitzt.

Verheißung und Erfüllung

Wir müssen uns noch einer weiteren Dimension der Betrachtung des Alten Testaments in der Theologiegeschichte zuwenden, die sehr vielsagend ist: es geht um das Verhältnis zwischen Weissagung und Erfüllung. Unter diesem Raster hat man das Alte Testament möglichst in allen seinen Teilen interpretieren wollen. Das Alte Testament gilt als eine Summe von Verheißungen, von Weissagungen, von prophetischen Informationen, denen dann eine Erfüllung in Jesus Christus und in der Geschichte der Kirche entsprechen soll.

Dieses Auslegungsmuster hat weitestgehend in die theologische Produktion des Mittelalters und der Neuzeit eingegriffen und hat ganz gewiß bis in unsere Tage ihre Folgen.

Mit der Konzeption Weissagung hier – Erfüllung dort kann eine sehr bittere Begleiterscheinung einhergehen. Der Versuch, das Alte Testament nicht mehr aus sich selbst heraus verstehen zu wollen, sondern nur von einer nachträglichen Erfüllung her zu interpretieren, bedeutet eine kurzschlüssige Verengung der eigenständigen Dimensionen Israels und des Judentums und läßt den Eigenwert des Alten Testaments nicht durchscheinen. Vielmehr müssen wir sehen, daß das Alte Testament selbst eine Fülle von Prophezeiungen trägt, die im Rahmen des Alten Testaments, in der Geschichte Israels, in der Geschichte des Judentums Aussagen über Erfüllung zur Seite haben. Es ist also keine Schematisierung im Sinne eines Gegensatzes zwischen Judentum und Christentum im Sinne von Verheißung und Erfüllung zu konstruieren.

Ähnliches gilt von den beiden anderen Auslegungsmethoden. Die allegorische Sicht ist auch im Alten Testament und im Juden-

80

tum zuhause. Philo von Alexandrien, der hellenistisch beeinflußte Jude, gilt als der große Protagonist im Umgang mit der allegorischen Auslegung. Im Alten Testament selbst und in der frühjüdischen Literatur ist die Allegorese beheimatet, ebenso die typologische Auslegung. Im Alten Testament selbst finden sich diese Typen der Selbsterfahrung Israels. Denken wir nur an das eindrucksvolle Beispiel des Exodus aus Ägypten, der sich im Exil wiederholt, ja als neuer Exodus aus der babylonischen Gefangenschaft gedeutet wird – ein sprechendes Beispiel für eine typologische Betrachtungsweise. Selbst das Kontrastprogramm, hier Typos – dort Antitypos, ist bereits im Alten Testament vertreten. Ich denke dabei vor allem an die Könige Israels und die Alternativfiguren dazu in Gestalt der Väter Israels, die gewissermaßen als Antitypen gegenüber dem Typos des Königtums gezeichnet werden. Im Bewußtsein Israels ist Abraham der Prototyp eines paradigmatischen Israeliten gegenüber einem König des Nord- oder Südreichs, der sich von Jahwe abgewandt hat und eigenen Machtinteressen folgt.

Die drei Methoden, allegorische Auslegung, typologische Betrachtungsweise ebenso wie das Schema Verheißung-Erfüllung, kann man nicht auf das Verhältnis Judentum hier – Christentum da übertragen. Es bleibt allerdings ein irreversibles Faktum in der Theologiegeschichte. Wir müssen in der Rückschau feststellen, daß diese Schematisierung, diese methodische Praxis der systematischen Abgrenzung dem Eigenwert der alttestamentlichen Texte und ihrer Rezeption nicht gerecht wird.

Das Thema unseres Kapitels, »Das Alte Testament: immer unter christlicher Besatzung«, könnte auch so formuliert werden: »Das Alte Testament: ein christlich besetztes Gebiet«. Ich wähle ganz bewußt eine Anspielung auf gegenwärtige politische Zustände. Man wirft Israel derzeit ja so sehr vor, besetztes Gebiet okkupiert und sich damit an die Stelle anderer Eigentumsrechte gesetzt zu haben. Aber hat man nicht Israel zuvor allzuviel vorenthalten, Eigentum weggenommen und das Lebensrecht geraubt, so daß es Christen nicht gut anstünde, über eine Expansion des bedrohten Israel zu richten?

Man muß sich einmal klar machen, wieviel Christen und Moslems den Juden abgesprochen haben. Haben sie sich nicht schon durch das Reklamieren des Alten Testaments für sich in das Eigentumsrecht Israels und des Judentums hineingestohlen? Wir wissen ja, daß die Muslime auf der Basis des Korans nicht nur das Alte Testament, sondern auch das Neue Testament als Vorläufer durchaus respektieren, aber völlig unterordnen unter die Intentionen des Korans, wo die eigentliche und endgültige Offenbarung zu finden sei. Abraham und Jesus verlieren auf den ersten Blick dadurch nicht an Gewicht. Aber durch die volle Integration in den Koran geschieht im Islam die Aufhebung der Eigenmächtigkeit des Alten Testaments in radikaler Weise noch einmal, wie sie das Christentum vorexerziert hat. Auch der Islam basiert in dieser extensiven Vereinnahmung des Alten Testaments auf dem Vorbild des Christentums. Bei alledem fehlt der nötige Respekt vor dem Selbststand des Alten Testaments als der Grundurkunde des Judentums, der Respekt davor, daß bis in unsere Tage diese Eigenwertigkeit ein Gewicht haben muß.

Nun, besetztes Gebiet ist das Alte Testament insofern, als die Christen sich in ihm niedergelassen haben, seine Aussagen für sich reklamiert und in ihrem Sinne reflektiert haben.

3. Vorgaben im Judentum

Der Prozeß der allmählichen Ausklammerung eines Traditions-
gutes im Interesse eines Legitimationsbedürfnisses ist nun nicht erst
im Christentum greifbar. Die Ironie des Schicksals – zugegebener-
maßen keine theologische Kategorie – will es, daß das Judentum
selbst Perioden und Phasen durchgestanden hat, die dem genannten Dreischritt der Entwicklung typologisch nahestehen.

Ich möchte das etwas näher erläutern. Es sei in Erinnerung gerufen, daß wir in den dreißiger Jahren und zuvor in der gesamten
Christentumsgeschichte zunächst eine Phase der Identitätsfindung
beobachten konnten. Frage: Wer sind wir eigentlich, woher beziehen wir unsere Legitimation?

In der zweiten Phase richtet sich der Rückblick auf den, der diese
neue Bewegung eingeleitet hat, auf Jesus Christus, den Propheten
der Propheten.

In der dritten Phase vollzieht sich die Institutionalisierung und
die Vergesetzlichung, bzw. das Verdrängen der Vergangenheit in
den Keller einer vermeintlich bloßen Förmlichkeit auf Kosten eines
engagierten und gelebten Glaubens nach dem Evangelium.

Wir finden in den Anfängen des Judentums eine ähnliche Entwicklung. Das Judentum hat nach dem Exil seine Identität gesucht
und grundlegende Fragen artikuliert: Wer ist denn nun wirklich das
wahre Israel? Wer knüpft in der Reihe der Rückkehrer aus der Verbannung an das an, was bereits vor dem babylonischen Exil bestan-
den hat? Wer kann sich legitimerweise Nachfolger des Mose nennen? Wer hat das gültige Priestertum auf seiner Seite? Wer darf im
öffentlichen Leben des frühen Judentums Geltung haben? Wer ist
legitimer Prophet usw.?

Es geht also darum: wer ist das neue Israel? Eine der wichtigsten
und zu Beginn des Judentums sehr umstrittenen Fragen ist gewesen:
Wer ist der legitime Erbe des vorexilischen Israel? Ist nur das das
wahre, neue Israel, das in Babylon war, das nun das Judentum
konstituiert, oder sind es auch diejenigen, von denen im Alten

Testament kaum die Rede ist, die in einer anderen Region in Verbannung waren, nämlich in Ägypten? Diese Gruppe der Exulanten hatte die Flucht vor der Verbannung nach Ägypten angetreten. Welche Rolle spielt die ägyptische »Gola« (Verbannungsgemeinde) für das neue Israel? Das Alte Testament ist in seiner jetzigen Fassung Ausdruck des Bewußtseins, daß das eigentliche, wahre Israel in Babylon gewesen ist. Schuld daran ist die sogenannte deuteronomistische Geschichtsschau, die beherrschend für die Redaktion großer Teile des Alten Testaments geworden ist. Eine kritische Betrachtung des Alten Testaments zeigt aber, daß sich daneben Befürworter der Lebensrechte und der Interessen der Gola in Ägypten zu Wort gemeldet haben. Teilweise gehören Elemente der priesterschriftlichen Schule nach dem Exil zu den Befürwortern der ägyptischen Tradition. Man kann nur sehr vorsichtig an diese Überlieferungszweige herankommen und muß sich bewußt sein, daß die beherrschende Interpretationsstufe die deuteronomistische Sicht der Vergangenheit ist.

Im frühen Judentum hat es also ein Legitimationsbedürfnis gegeben. Das Israel mit der babylonischen Exilsvergangenheit konnte sich durchsetzen gegenüber jenen, die in Ägypten waren und, wie es heißt, den Propheten Jeremia mit sich genommen hatten. Das ägyptische Israel, das in Ägypten bis in die griechisch-römische Zeit hinein große Diasporagemeinden aufgebaut hat, die für das beginnende Christentum ungeheuer wichtig waren, konnte sich im Stammland nicht durchsetzen. Es blieb im Schatten des babylonischen Israel.

Zu Anfang des Judentums beobachten wir also eine national-religiöse Phase. Die Einheit und Identität des nachexilischen Judentums als »neues Israel«, als »Volk Gottes« stand zur Debatte.

Eine zweite Phase, mit der ersten ganz eng verbunden, ist gekennzeichnet durch ein neues Nachdenken über Mose, den Stifter des neuen Israel einerseits, und andererseits durch eine Reflexion über den Gott Israels, der nunmehr als Einer und Einziger gedacht und bekannt wurde. Mit dem Beginn des Judentums zeigen sich auch die Anfänge des theoretischen, dogmatischen und praktischen Monotheismus, den es im vorexilischen Israel in dieser Stringenz noch nicht gegeben hat.

Auch die dritte Phase wird deutlich in der Hinwendung zu dem, was das Volk zusammenhält, in der Konzentration auf das Gesetz, in der Reflexion darüber, was für die innere Substanz des Judentums Gültigkeit haben soll, was der Gemeinschaft der Rückkehrer und Daheimgebliebenen Zukunft gibt, was Israel sein Existenzrecht und seine Identität nach außen hin sichert. Das frühe Judentum kennt die Auseinandersetzung darüber, wie denn das Gesetz zu verstehen sei, welche besondere Bindungsqualität die Tora habe. Ist sie etwas nur Äußerliches oder ist sie nicht vielmehr etwas ganz tief Innerliches, was den Menschen bewegen kann und die Gemeinschaft konstituiert? Die Tora, die mit dem Herzen und mit den Sinnen getragen wird, die den Menschen zutiefst angeht, der »neue Bund«, von dem schon im Alten Testament die Rede ist (Jer 31,31), der sich mit der neuverstandenen Tora, dem Gesetz, verbindet.

Wir können im Grunde auch im frühen Judentum diese Dreiphasigkeit erkennen, die uns in der christlichen Tradition begegnet: Das Judentum ist um seine Identität bemüht, orientiert sich an seinem »Stifter« – eine Mose-Zentrik könnte man darin erkennen –, wobei das Prophetentum unter Jeremia und Ezechiel besonders mitwirkt, das Bild des Vermittlers, des Mittlers zwischen Gott und Mensch, neu erstehen zu lassen – und es ringt schließlich in der Auseinandersetzung um die Position und Funktion des Gesetzes, um die wahre Bedeutung der Tora, wobei nun aber keineswegs das Gesetz gegen das »Evangelium« (Reformliteratur wie Deuteronomium, Deuterojesaja) ausgespielt wird, sondern die kritische Wertung des Gesetzes hineingenommen wird in seine fundamentale Hochschätzung als universales Bindeglied und konstitutives Element des Judentums. Das Gesetz wird so seiner nomistischen Einengung entledigt und von Anfang an trotz gegenteiliger Strömungen als substantielle Weisung betrachtet.

Wir sehen also ganz ähnliche Deutungsmuster wie in der Christentumsgeschichte auch am Anfang der Geschichte des Judentums. Nur wird das, was im Judentum als nomistische Verengung beobachtet und fixiert wird, vom Christentum gegen das Judentum ins Feld geführt.

Was Christen als Paradigma ihrer eigenen Entwicklung hätten erkennen und nutzen können, wird gegen das Judentum ausgespielt. Das Judentum wird in der christlichen Interpretation nicht mehr das Volk genannt, das zu sich selbst gekommen ist, denn das neue Israel ist eben nicht mehr das babylonische Israel, sondern es ist mittlerweile das Christentum, das die wahre Nachfolge des alten, vorexilischen Israel angetreten haben soll.

Die Überlegungen gehen schließlich dahin, den »Stifter« Mose in den Hintergrund zu drängen, um dafür Christus als den eigentlichen »Stifter« des neuen Israel in den Mittelpunkt zu rücken. Das Christentum versteht sich schließlich auch darauf, das Evangelium gegen das Gesetz zu stellen, zumindest das Gesetz so weit wegzuschieben und allmählich einer Entwertung auszusetzen, um dafür um so mehr die Individualität und die Gnadenhaftigkeit, die das Evangelium vermittelt, herauszustreichen. So hätte die Geschichte des Judentums den Christen zeigen können, daß die Prozesse der Selbstfindung gerade nicht in der Zementierung des Institutionellen und des Nomistischen enden müssen. Das Christentum hätte sich, und zwar in seiner grundsätzlichen Auseinandersetzung mit dem Judentum, wie auch in den kritischen dreißiger Jahren dieses Jahrhunderts ersparen können, das Judentum als Anwalt eines falsch verstandenen Nomismus zu fixieren und zu karikieren.

Das Christentum vollzieht im Grunde einen geschichtlichen Prozeß der Abgrenzung und Ausgrenzung, worauf es primär gar kein Anrecht hat, es beansprucht eine Entwicklung für sich, deren Modell entworfen, aber mit anderen Konsequenzen behaftet war. Wäre es Gemeingut christlicher Theologie gewesen, daß die Tora in erster Linie als Weisung, nicht als Zwangsjacke, aber auch nicht schlichtweg als strenge Erzieherin zu Christus verstanden werden darf, hätte das Judentum nicht auf das Abstellgleis geschoben werden müssen, seine Grundurkunde nicht entwertet, sondern im Gegenteil als für den Christen gültige Weisung respektiert werden können.

4. Lernen aus der Vergangenheit?

Die Auseinandersetzung um die Rolle des Alten Testaments als einer Grundurkunde des Judentums, geht trotz oder gerade wegen des Holocaust weiter.

Die mißverständliche Kontroverse darüber, ob Auschwitz eine »heilsgeschichtliche« Wende bedeute, kann nur mit einer kritischen Revision des Ausdrucks »Heilsgeschichte« weitergeführt werden. In ganz anderem Ausmaß als das Exil, als die zahllosen Pogrome der Vergangenheit ist Auschwitz das Signal chaotischer Tiefe, aus der der Gottverlassene um Hilfe schreit, ohne Gehör zu finden. Für das Judentum markiert Auschwitz eine Wende, deren umstürzendem Charakter sich auch die christliche Selbstbesinnung in keiner Weise entziehen kann. Der Christ kann sich nicht darauf versteifen, nur das als heilsgeschichtlich relevant anzusehen, was ihm eine introvertierte Theologiegeschichte suggeriert.

Wir erinnern uns an einige einsame Stimmen in den dreißiger Jahren, die sich gegenüber dem zeitgenössischen Trend artikuliert haben: Walter Eichrodt in seiner Theologie des Alten Testaments ebenso wie Gerhard von Rad, der nach dem Krieg eine zweibändige Theologie des Alten Testaments vorgelegt hat, aber schon in den dreißiger Jahren Stellung bezogen hat. Wir haben respektiert, daß diese beiden Theologen als herausragende Beispiele eines gewissen Widerstandes erkannt haben, daß man nicht so über die Grundurkunde des Judentums verfügen darf, wie es allenthalben geschah. Wir mußten aber auch feststellen, daß der Mut gefehlt hat, ganz deutlich zu sagen, daß wir im Alten Testament eine solche Dokumentation vor uns haben, die den Christen geschenkt ist und die ihr Lebensrecht für sich beanspruchen darf, so daß es nicht nur dieses auserwählte Christentum gibt, sondern auch weiterhin das auserwählte Israel und das lebendige Judentum, daß der Bund nicht gekündigt, aufgekündigt worden ist, der einmal geschlossen wurde. Es ist ein bleibender, mit der Treue Gottes unlösbar verknüpfter Bund. Man müßte sagen, Gott würde sich selbst aufs Spiel und ins

Unrecht setzen, wenn er diesen Alten Bund gekündigt hätte oder hätte kündigen lassen.

Walter Eichrodt und Gerhard von Rad standen als relativ einsame Propheten ihrer Zeit da, die immerhin eine willkürliche Verfügung über das Alte Testament kritisiert haben. Beide Theologen haben auch die Nachkriegszeit im Umgang mit dem Alten Testament besonders beeinflußt. Diese beiden evangelischen Theologen sollen deshalb hier besonders herausgestellt werden, weil sie sich exemplarisch bemüht haben, einen richtigen Standort zu finden, was trotz mancher Unzulänglichkeiten weiter gediehen ist als bei katholischen Zeitgenossen.

Ich kann keinen katholischen Exegeten nennen, der in gleichwertiger Weise zum Alten Testament in seiner Selbstwertgestalt Stellung genommen hätte, der mit Gerhard von Rad oder Walter Eichrodt einigermaßen mithalten könnte. Das liegt zum Teil daran, daß die katholische Exegese seit den Auflagen der Bibelkommission zu Anfang des Jahrhunderts überhaupt nicht mehr über Strukturfragen des Alten Testaments, über den Werdegang dieser Literatur nachdenken durfte. Es gab praktisch einen Maulkorb, eine hierarchische Auflage mit entsetzlichen Konsequenzen. Man sieht, wie weit es kommen kann, wenn das kritische Reflexionsvermögen nicht geschult wird, wenn nicht eine rücksichtsvolle Einschätzung des Selbststandes geschieht und das Wissen darum, daß auch andere erwählt sein können, wenn nicht ein Nachdenken über die Grundzeugnisse des Glaubens in diskursiver Form ermöglicht wird. Extremistischen Positionen wird damit Tür und Tor geöffnet, es fehlt die Kraft zum Widerstand, es fehlt die Einsicht, man hat keine Kriterien an der Hand, kann nicht auf Herausforderungen antworten. Das ist das Schicksal des Unmündig-Machens einer christlichen Öffentlichkeit durch Sanktionen und Vorbehalte, wie sie in den Entscheidungen der maßgebenden kirchlichen Stellen bis in die Nachkriegszeit hinein zum Ausdruck kommen.

Der Ausgangspunkt der Überlegungen ist das Desaster, das das Judentum erleiden mußte und mit ihm das Alte Testament. Die Nachkriegsgeneration war bemüht, an positive Ansätze der Vorkriegszeit anzuknüpfen, und wir haben ja gerade in Walter Eichrodt und in Gerhard von Rad Theologen erkannt, die nicht in den allgemeinen Sog nach Abwertung des Alten Testaments hineingeraten sind, sondern sich bemüht haben, die Eigenwertigkeit des Alten Testaments herauszustellen. Beide haben aber in der Zeit vor dem Krieg noch nicht vermocht, deutlich zu artikulieren, daß das Judentum ein unmißverständliches und unzweideutiges Recht hat auf die Erstauslegung und Erstintegration des Alten Testaments. Um so interessanter ist es, zu beobachten, wie in der Nachkriegszeit dieses Defizit an Zugeständnis gegenüber dem Judentum als dem eigentlichen Eigentümer des Alten Testaments aufgearbeitet wird.

Das Neue Testament als Katalysator

Schauen wir uns zunächst Walter Eichrodts theologische Intentionen an. Bei ihm konzentriert sich die Frage nach der Bedeutung des Alten Testaments im Verhältnis zum Neuen, d. h. also auch im Verhältnis zu den Christen, auf das Problem »Weissagung und Erfüllung«. Wir erinnern uns, große Strecken der Kirchengeschichte haben im Neuen Testament *die* Erfüllung des Alten wahrgenommen. Die Weissagungen fanden ihre Entsprechung im Tun, in der Botschaft des Jesus von Nazaret.

Walter Eichrodt nimmt diese Intention auf, variiert sie aber in einer wiederum charakteristischen Weise.

Zunächst stellt er fest, daß auch das Neue Testament mit ähnlichen Phänomenen der Gesellschaft und der Religion zu tun gehabt habe, denen das Alte Testament ausgesetzt gewesen sei. Da habe es in der Umgebung Jesu – und nicht nur dort, sondern durchweg in der Christentumsgeschichte – die klassischen Themen immer wieder gegeben, die auch im Alten Testament angesprochen seien.

Er benennt sie folgendermaßen:

»Auch die neutestamentliche Predigt vom Gottesreich hatte auf ihrem Weg durch die Geschichte immer gegen drei hauptsächliche Gefahren zu kämpfen: gegen das mythologische Denken, von dem ihre Auflösung in der Spekulation drohte, gegen einen Nationalismus, der seit dem Kampf des Judentums gegen die Heidenmission des Paulus immer wieder den übernationalen Charakter des Werkes Jesu in Frage stellte, und gegen eine kultische Verengung, die in inniger Verschwisterung mit der Mystik die Geschichte und Natur umspannende Bedeutung des Königreichs der Himmel auf den

Bereich der Einzelseele beschränkte und das personhafte Dienst-
und Treueverhältnis der Christusgemeinde zu ihrem erhöhten
Herrn über dem sakramentalen Genuß des göttlichen Lebens ver-
gaß«.

(Walter Eichrodt, Theologie des Alten Testaments, Stuttgart – Göttingen,
6. Auflage, 1959, S. 347.)

Drei Problemfelder sind es, von denen Eichrodt meint, daß sie
das Christentum mit dem Alten Testament teile:
Mythologisches, gnostisches Denken, Nationalismus und eine
kultische Verengung.

Wenn wir genauer zusehen, welche divergierenden Bereiche hier
angesprochen werden, erkennen wir eine Verwandtschaft zu dem
Dreitakt der schon angesprochenen Entwicklung. Um es noch einmal zusammenfassend zu sagen:

1. Der Nationalismus einschließlich des Abgrenzungsbedürfnis-
ses des Christentums zu Beginn seiner Entfaltung, die zur Genüge
bezeugten Differenzen des Heidenchristentums mit dem Judenchristentum und das Legitimationsbedürfnis der wachsenden Gemeinde.

2. Die Abwehr gegen gnostische, hellenistische Strömungen, bei
denen die Frage im Mittelpunkt stand, welcher Mittler die Bewegung zwischen Gott und Mensch stütze, welche Position – christlich
gesprochen – Jesus von Nazaret habe. Kann er im Sinne der Gnostik
in eine Mittlerfunktion aufgelöst werden, kann es die neutestamentliche Predigt vom Gottesreich, um mit Walter Eichrodt zu
sprechen, vertragen, wenn sie nach dem Muster der gnostischen
und hellenistischen Spekulationen verdünnt wird?

3. Die kultische Verengung, die den sakramentalen Genuß über
die Erfahrung des göttlichen Lebens, über die Begegnung mit dem
erhöhten Herrn stellt. Diese Gefahr entspricht dem, was wir mit der
Gefahr der Vergesetzlichung angesprochen haben.

Walter Eichrodt legt im weiteren Verlauf seiner Theologie großen Wert auf die Feststellung, daß die Verheißungen oder Weissagungen des Alten Testaments ihre Vehemenz und ihre Gültigkeit
über die neutestamentlichen Erfahrungen hinaus behalten. Das ist
immerhin ein gewaltiger Durchbruch. Er erkennt mit aller Deut-
lichkeit an, daß die Universalität des Heils oder die Neuformation

der Schöpfung, die Rettung der gesamten Menschheit als Inbegriff der Hoffnung und der Erwartungen des Alten Testaments ihre Gültigkeit behalten, weil sie durch das Neue Testament und insbesondere durch die Worte des Jesus von Nazaret ihre Verbindlichkeit in aller Klarheit gewonnen hätten.

Ich möchte auch mit einigen Zitaten erläutern, wie er diese Verbindlichkeit des Alten Testaments im Blickfeld Jesu versteht.

Er meint, daß Erfüllung im Neuen Testament und im Christentum sich nicht auf diese Weise vollziehe, daß man sie jetzt in der Hand hätte; es werden nicht die Hände gefüllt mit all dem, was man vom Alten Testament her erwartete. Bedenken wir, daß man jahrhundertelang zuvor gerade im Neuen Testament und im Christentum *die* Erfüllung gesehen hat. Davon nimmt Walter Eichrodt Abstand. Die eigentliche Erfüllung ist etwas, was noch aussteht.

Er drückt sich etwas differenzierter aus und sagt:

Die christliche Gemeinde »hat die ›Erfüllung‹ nicht mechanisch, als die Auflösung einer rationalen Rechnung, sondern organisch, als Entfaltung und Enthüllung eines unter der göttlichen Allmacht stehenden Schöpfungsgeheimnisses, verstanden, als eine souveräne Neubildung, die erst den in der Weissagung verborgenen Gotteswillen ganz ans Licht stellt und sich zu aller Vorhersagung verhält wie die klare Erkenntnis zu der stammelnden Ahnung«.

(Walter Eichrodt, ebd., S. 348.)

Dennoch brechen hier wieder alte Positionen durch, das Alte Testament sei stammelnde Ahnung und erst im Neuen Testament komme die klare Erkenntnis.

Das Neue Testament wird unter dieser Perspektive zu einer Art Katalysator. Man empfängt etwas, was noch undifferenziert ist, und es wird nunmehr zu einer Eindeutigkeit geführt, der sich dann alle Menschen ausgesetzt wissen dürfen. Einstmals wird die volle Erfüllung kommen, durch Jesus ist ihre Ankunft garantiert. Walter Eichrodt hat wiederum die christliche Brille aufsetzen lassen, durch die man die Verheißungen des Alten Testaments verstehen soll.

Diese Auffassung Eichrodts, wohlgemerkt in einer Theologie des Alten Testaments aus der Nachkriegszeit, hat natürlich Auswirkungen auf sein Verständnis des Judentums. Er meint, die Zeitgenossen Jesu hätten diese Funktion der neutestamentlichen Botschaft nicht erfahren, vor allen Dingen hätte sich die jüdische Gemeinde dieser Einsicht versperrt.

Er spricht in verschiedener Weise von Judentum, wobei es sehr aussagekräftig ist, mit welchen Vokabeln eine solche Theologie aufwartet.

»Wohl läßt sich im Blick auf die disparaten und vielfach einander widersprechenden Hoffnungsgedanken des Spätjudentums, die es nie zu einem einheitlichen Hoffnungsbild kommen ließen, sagen, daß die von Jesus angebotene Heilsverwirklichung eine schöpferische Synthese aus einem unorganischen Konglomerat wesensverschiedener Bestandteile darstellte, deren unleugbare Geschlossenheit und Lebenskraft ein lautes Zeugnis für sie ablegte. Aber auch bei solcher Einsicht blieb keinem in der Judenschaft die Entscheidungsfrage erspart, ob er Jesus das Recht zu solcher Synthese zubillige, d. h. in seinem Handeln Gott am Werke sehe oder nur einen vielleicht genialen, aber eigenwilligen, zur Selbstvergötterung neigenden Menschen.«

(Walter Eichrodt, ebd., S. 349.)

Auch hier schwingt wieder durch, daß der eigentliche Ordnungsfaktor Jesus von Nazaret gewesen sei. Das Neue Testament verbindet und vereint divergierende Tendenzen, die es dem in solchen konträren Positionen verfangenen Spätjudentum nicht erlaubt hätten, Jesus zu akzeptieren.

Außerdem wird die Entscheidungsfrage offenbar nur den Juden anheimgestellt. Es wird nicht von den Christen verlangt, daß sie sich um eine Entscheidung gegenüber und mit den jüdischen Nachbarn verstehen, sondern es wird allein von den Juden verlangt, eine Entscheidung für Jesus zu fällen.

Vielleicht ist uns damit klarer geworden, daß Walter Eichrodt doch noch zu sehr in den älteren Positionen gefangen ist, ohne sich dazu durchringen zu können, dem Judentum eine Eigendynamik, ein Eigenrecht auf die Reflexion des Alten Testaments zuzuerkennen, so daß es nicht unbedingt eines Katalysators im Neuen Testament bedarf, sondern es seine eigene Botschaft souverän weiterträgt bis in unsere Tage.

Zum Begriff Spätjudentum: eine bezeichnende Formulierung! Man fragt sich, wenn zur Zeit Jesu von Spätjudentum gesprochen wird, was dann danach kommt. Gibt es danach kein Judentum mehr, ist es damit praktisch ausgeblendet?

Nebenbei bemerkt, wir sprechen heute nicht mehr von Spätjudentum, wenn wir die Zeit Jesu und ihre jüdischen Textzeugnisse betrachten, sondern immer noch vom Frühjudentum bzw. vom Judentum des hellenistisch-römischen Zeitalters.

Altes Testament diesseits der »Schwelle«

Ein wenig weiter als Walter Eichrodt ist Gerhard von Rad gegangen, dessen Theologie ich hier auch kurz vorstellen möchte.

Gerhard von Rads Theologie hat den großen Vorteil, daß sie nicht mehr systematisch ausgerichtet ist, d. h. an bestimmten Themen der lehrhaften Theologie orientiert ist, sondern es geht ihr um das Wachstum Israels, seine theologische Reflexionsgeschichte. Mit diesem geschichtlichen Ansatz ist es ihm möglich, viel intensiver auf die Perioden und die Interpretationen der tradierten Positionen zu achten. Er nimmt vor allem in den Blick, wie sich die Theologie im Volk Israel immer wieder an geschichtlichen Erfahrungen orientiert.

Der Untertitel seines Werkes, »Theologie der geschichtlichen Überlieferungen des Alten Testaments« zeigt schon die zentrale Stellung der geschichtsorientierten Betrachtung.

Dieser Ansatz unterscheidet sich wesentlich vom systematisch orientierten Ansatz, der allerdings in katholischen Kreisen immer wieder Anklang gefunden hat. Wir haben von Gerhard von Rad lernen müssen, daß wir Israel und auch das Christentum viel stärker von den geschichtlichen Erfahrungen und deren Reflexion her verstehen müssen. So kommt von Rad dazu, dem Alten Testament eine viel größere Dichte an Prozessen der Auseinandersetzung zuzuerkennen und er wehrt sich dagegen, von vornherein von einer Einheit der Schrift zu sprechen.

Wir sind katholischerseits ja immer gehalten, die Einheit der Schrift zu beschwören. Es gibt einige Äußerungen von Kardinal Ratzinger aus der jüngsten Vergangenheit, in denen er die Einheit der Schrift als fixierbare Größe hinstellt, deren Definition ausschließlich durch das Lehramt geschehen könne. Ich fürchte, wir geraten bei dieser Einheitsprojektion in die Gefahr, formale

Gegensätze in der Schrift aufzulösen und auch die inhaltliche Spannung, die in den Schrifttexten erkennbar ist, vergessen zu lassen.

Gerhard von Rad sieht deutlicher, daß wir von einer Einheit Altes – Neues Testament nicht so ohne weiteres sprechen können. Von einer einheitlichen biblischen Theologie zu sprechen, nennt er geradezu eine Utopie, wenngleich die Wege dorthin seiner Meinung nach beschritten werden sollten. Wir haben aber eine solche Einheit nicht vor uns, es sei viel mehr ganz wichtig, sich auf die inneren Entwicklungen der theologischen Meinungsbildung im Alten Testament einzulassen, ohne daß man sie in neutestamentliche Konzeptionen zu integrieren versucht. Er meint:

»Es sind also die beiden Testamente selbst, die uns anleiten, dieses Phänomen ernster zu überdenken. Aber vielleicht müssen wir die Frage nach dem Typischen erst im Bereich des Alten Testaments weiter vorantreiben. Denn, überläßt sich die alttestamentliche Theologie dem ruhelosen, für das alte Israel so typischen Traditionsprozeß, dann steht es ihr nicht mehr frei, das Alte Testament aufgrund einer von außen herangetragenen Wertskala religiös einzuordnen. Dann wird sie von ihrem Stoff selbst von einer Aktualisierung zur anderen getragen und schließlich wird sie bis an die Schwelle des Neuen Testaments, ja über diese Schwelle geführt werden.«

(Gerhard von Rad, Theologie des Alten Testaments II, 9.Auflage, München 1987, S. 447.)

Eine ganz erstaunliche Einsicht, die allerdings dann von Gerhard von Rad nicht weiter in seiner Theologie entfaltet wird. Hat er aber wirklich genug getan, um die alttestamentliche Theologie in ihrem Eigenwert zu respektieren?

Auch hier gilt immer noch, daß Gerhard von Rad in seiner Theologie des Alten Testaments nicht die Eigenkompetenz des Judentums auf Auslegung, auf Besitz dieser Bücher des Alten Testaments betont hat und daß er sich auch nicht um eine Theologie bemüht hat, die dem Alten Testament eine Einrede, eine unverstellte Einrede in den Raum der Kirche zugesteht.

Die zwei »Gottesvölker«

Wenden wir uns nun der jüngsten Theologie zu, die gerade auf dem Markt erschienen ist. Vielleicht hat sie die Chance, die Theologie Gerhard von Rads abzulösen, obwohl alle drei genannten Theologien einen je für ihre Zeit bezeichnenden Charakter haben. Meine Ausführungen sollen auch nicht als ein Plädoyer für die eine oder die andere Theologie verstanden werden, denn jede hat ihre besonderen Vorzüge, aber auch ihre Defizite. Ich denke, das gilt auch für die zuletzt erschienene Theologie von Horst-Dietrich Preuß, obwohl hier ein weiterer Progreß erzielt worden ist.

Horst-Dietrich Preuß hat die Theologie des Alten Testaments sowohl unter systematischen Gesichtspunkten wie auch unter geschichtlichen Perspektiven betrachtet. Insofern hat er den systematischen Ansatz von Eichrodt verbunden mit dem überlieferungsgeschichtlichen Ansatz von Gerhard von Rad.

So kommt er zu einer sehr differenzierten Beobachtung der Verhältnisse zwischen den beiden Testamenten:
»›Offenheit des AT‹ meint . . . nicht sofort oder gar nur dessen Offenheit hin zum NT. Von letzterer kann nur ein christlicher Theologe sprechen, der bereits vom NT herkommt und von ihm her an das AT forschend und fragend herantritt«.

(Horst Dietrich Preuß, Theologie des Alten Testaments II, Stuttgart 1992, S. 326.)

Er gesteht also ein spezielles Erkenntnisinteresse des vom Neuen Testament her geprägten Menschen zu. Aber das bedeutet nicht, daß das Alte Testament ausschließlich auf das Neue Testament hin offen ist, sondern in seiner Vielfalt auch für andere, mit dem Neuen Testament konkurrierende Vorstellungsbereiche. Damit öffnet Preuß selbstverständlich die Tür zum Judentum anders und entschlossener, als das die beiden vorher genannten Theologen vollzogen haben.

Im gleichen Band seiner Theologie faßt er noch einmal zusammen, was ihm an Inhalten des Gottesglaubens in Israel über die Zeit des Alten Testaments hinaus wirksam erscheint.
»So wurde auch der Glaube an JHWH das verbindende, tragende und durchhaltende Element in der Geschichte Israels mit

ihren kleinen und besonders ihren großen Brüchen, wie sie etwa die Landnahme oder vor allem das Exil darstellten. Das Entdecken und Entfalten dieser Grundstrukturen atl. Glaubens kann dann aber nicht nur ein historisch orientiertes und rein deskriptives bleiben. Es wird innerhalb christlicher Theologie in das Mühen um eine ›Biblische Theologie‹, die vielleicht ebenfalls nach beiden Testamenten gemeinsamen Grundstrukturen ihrer Zeugnisse, nach Strukturanalogien fragt, einzumünden haben, damit für den christlichen Glauben seine Bedeutung bekommen und behalten. Die Frage nach dem einen, dem geteilten oder gar nach den zwei ›Gottesvölkern‹ wird dabei die nach dem Gottesvolk Israel und den anderen Völkern weiterhin wachhalten«.

(H. D. Preuß, ebd., S. 327.)

Wir bemerken hier einen entscheidenden Durchbruch. Das Alte Testament ist offen für die Selbstreflexion auch des Gottesvolkes der Juden. Das Gottesvolk der Juden ist nicht nur in Anspruch zu nehmen für das Christentum als Erbe des Judentums, sondern es ist zuzugestehen, daß das Judentum das Gottesvolk bleibt, dessen Bund nicht aufgekündigt wurde:

»Wenn folglich nicht für den Versuch einer ›Theologie des AT‹, wohl aber für das (christliche) Bemühen um eine ›Biblische Theologie‹ dann der Einsatz beim Neuen Testament wird genommen werden müssen, wird bei der dabei zu vollziehenden, mitgesetzten und notwendigen Rückorientierung an der Zeugniswelt des AT dieses schon selbst dafür sorgen, daß seine wichtige Botschaft nicht zu kurz kommt«.

(H.D. Preuß, ebd., S. 327.)

Ich meine, das ist auch die Schwelle, die wir überschreiten müssen. Horst Dietrich Preuß deutet eigentlich in seiner Darstellung auch nur an, wie es weiter gehen müßte. Ich bin überzeugt, daß wir noch stärker, als es hier zum Ausdruck kommt, dem Alten Testament zugestehen müssen, daß es Lebensentwürfe zeichnet, die neben dem Christentum auch andere Möglichkeiten der Bekenntnisse vor Gott zulassen, die vor allen Dingen dem Judentum sein Heimatrecht bewahren helfen.

Direkte Einrede

Genauso wie es in der Zeit Jesu unterschiedliche Antworten auf das Alte Testament in einer ganzen Reihe von Gemeinschaften und Gruppierungen gegeben hat, die wir gar nicht alle aufzählen und überschauen können, ob es die Essener, die Therapeuten, die Johannesjünger, die Qumranleute usw. gewesen sind, Sektionen, die alle eine bestimmte Auslegung alttestamentlicher Gegebenheiten je auf ihre Weise radikalisiert haben mit Überlappungen und Verwandtschaften, so dürfte man wohl zugestehen, daß das Alte Testament die Basisurkunde ist, aus der sich auch in der Gegenwart verschiedene Konzeptionen verstehen lassen, worin das Judentum mit dem Christentum seinen Platz hätte. Es wäre also nicht eine monomane Ausrichtung des Alten Testaments auf die Realisation im Raum der christlichen Kirche denkbar, sondern biblische Theologie in diesem umfassenden Sinn müßte zugestehen, daß es auch Radikalisierungen der alttestamentlich-biblischen Botschaft gibt, die im Neuen Testament nicht zur Sprache kommen und die trotzdem als christlich verstanden werden können oder zumindest mit dem Christentum vereinbar sind. Wir müßten also gespannt sein auf innere Strukturen, die uns das Alte Testament vermittelt, die wir über die Rezeption im Neuen Testament hinaus, vielleicht im Judentum oder auch in anderen radikalen Gemeinschaften wahrnehmen, um für uns im Christentum eine bereichernde Kontaktstelle zu finden, die uns unser Christentum um Züge ergänzt sein läßt, die wir bisher nicht wahrgenommen haben.

Die Rede wird also von diesen Kernelementen sein müssen, von Zügen des Alten Testaments, die wir Christen uns erst noch vor Augen führen müssen, die in der Vergangenheit unzulänglich oder gar nicht angesprochen wurden.

2. TEIL
CHRISTSEIN OHNE NEUES TESTAMENT?

Außenschau-Innenschau

Bisher galt unsere Aufmerksamkeit in mehreren Abschnitten dem Schicksal des Alten Testaments, so wie es sich sozusagen in der *Außenschau* ausnimmt. Wir hatten nach dem Eindruck gefragt, den das Alte Testament als vom Judentum geschriebenes und getragenes Dokument seines frühen Werdegangs in der christlich-geprägten abendländischen Geistesgeschichte hinterlassen hat. Wir haben auch versucht, den Ort des Alten Testaments in der Rezeptionsgeschichte im Vergleich zum Neuen Testament zu bestimmen und mußten erkennen, daß das Alte Testament im Lebensraum der Christen heimisch sein sollte, aber nicht geworden ist. Statt dessen hätte bedacht werden sollen, daß das Alte Testament zunächst als Dokumentensammlung und Urkundenkollektion eigener Natur, als Botschaft eigener Redekompetenz betrachtet werden muß, daß nicht Kriterien von auswärts herangetragen werden wollen, um das Alte Testament zu orten, sondern daß es eine unverwechselbare Eigenheit hat, die immer wieder ins Licht kommen muß.

Ich möchte jetzt die *Innenschau* des Alten Testaments aufnehmen, um dabei die Linien aufzuzeigen, die auf Verhältnisse zusteuern, wie wir sie in Jesus realisiert sehen, so daß es nachvollziehbar erscheint, auf dem Wege alttestamentlicher Vorstellungen auf *jemanden* wie *Jesus* zuzugehen.

Ich will jetzt nicht von vornherein unterstellen, daß die Zuspitzung auf Jesus in einer zwangsläufigen oder monomanen Weise aus dem Alten Testament erhoben werden könne. Mir geht es aber darum, zu zeigen, daß das Alte Testament in einer radikalen Interpretation seiner Botschaft eine solche Gestalt mit ihrer Jüngerschaft fordert. Ob die vom Alten Testament »entworfene« Gestalt nun dieser historische Jesus ist, ist eine andere Frage. Aber daß eine Gestalt *wie* Jesus, seine Person und seine Botschaft in dem Bezugsrahmen alttestamentlich-theologischer Entwicklung liegt, das möchte ich gern an einigen Beispielen illustrieren.

Gestaltlose Beziehung?

Ich setze wiederum ein bei der jüngst erschienenen »Theologie« von Horst Dietrich Preuß.

Preuß erkennt an, daß die Frage nach dem Christuszeugnis im Alten Testament nach wie vor relevant ist. Er meint aber, das Christuszeugnis des Alten Testaments sei weniger an eine Gestalt gebunden, man müsse nicht unbedingt mit der Messiasidee und den messianischen Erwartungen im Alten Testament daherkommen, um diese Idee vom Christuszeugnis bestätigt zu finden. Er denkt eher daran, daß wir solche grundsätzlichen Phänomene, wie das Bekenntnis zum Erwähltsein des Volkes Israel als eine vergleichbare Erscheinung akzeptieren könnten, die dann im Neuen Testament eine besondere Bestätigung erfahre. Daß Gott den Menschen, die Menschen erwählt, diese Idee würde eigentlich im Neuen Testament besonders deutlich. Preuß weist auch darauf hin, daß Verheißung und Erfüllung im Alten Testament bereits ihre Entsprechungen finden. Im Neuen Testament hätten wir ähnliche Vorgänge, die uns dazu führen, gerade im Neuen Testament eine Antwort auf alttestamentliche Ideen zu finden.

Er sieht also eher eine ideengeschichtliche Verwandtschaft und ein Christuszeugnis, das eingebettet ist in die inhaltliche Seite der alttestamentlichen Botschaft und Verkündigung.

Wenn da etwa von der schöpferischen Kraft des Wortes im Alten Testament die Rede sei, dann finde das seine Entsprechung in der Rede vom »fleischgewordenen Wort« und in der Initiative, die vom Wort Gottes auch für die christliche Gemeinde ausgeht. Auch hier: eine ideengeschichtliche Verwandtschaft.

Es ist aber doch wohl so, daß wir die Ideengeschichte gar nicht von der Persönlichkeit trennen können. Es ist ganz und gar unbiblisch gedacht, wenn wir eine Idee für sich nehmen und nicht den, der diese Idee vermittelt, im Auge behalten. Wenn das Alte Testament etwa an Mose denkt, dann denkt es zugleich auch an das, was Mose an göttlichen Weisungen vermittelt, an seinen Mittlerdienst. Es denkt an seine Funktion und an die Vorstellungen, die mit Mose verknüpft sind; die Person und die Idee, beides wird sehr eng zusammengesehen. So müssen wir eigentlich auch die messianische Idee des Alten Testaments, d. h. die Erwartung eines gestaltenden Mittlers zusammensehen mit der neuen Idee, die er mit sich bringt, mit dem Angebot der neuen Schöpfung, mit der Aufnahme alttestamentlicher Vorgaben. Die Person und die durch sie verkörperte Ideenwelt gehören zusammen.

I. JOSUA – JESCHUA – JESUS

Am Anfang unserer Überlegungen stehe eine Folge von Namen, Josua-Jeschua-Jesus, die ich nun ein wenig erläutern möchte. Namengebung ist im Alten Testament keineswegs nur ein formaler Akt. Mit dem Namen ist vielfach auch ein Programm verbunden, das sich in der Namensfassung artikulieren, vor allem bei überlieferten Namen aber auch in beigegebenen Namensdeutungen spiegeln kann. Selbst wenn die Interpretation heutigen philologischen Erkenntnissen nicht mehr genügt, hat sie doch Anspruch auf ernsthafte Reflexion, zumal Namensdeutungen im Alten Testament eine eigene traditionsbildende Kraft entwickeln können.

Namen wie Abra(ha)m, Jakob, David, Salomo sind in den Überlieferungen Israels schon von ihrer Gestalt und Bedeutung her geeignet, bestimmte Assoziationen zu wecken. Gerade auch der Name Abra(ha)m ist in seinen beiden Varianten Signal für den »Vater«, der für das Selbstverständnis Israels und des Judentums von unschätzbarem Gewicht ist, so sehr, daß sich auch das Christentum und der Islam seiner Faszination nicht entziehen konnten. Darum können sich spätere Traditionen seines Namens bemächtigen, um zeitgenössische Vorstellungen und Erwartungen mit ihm zu verbinden.

Die Träger eines gleichlautenden Namens sind zudem auf besondere Weise miteinander verbunden. Um ein außerordentliches Beispiel soll es im Folgenden gehen.

1. Das Spektrum der Namensträger

Auf den ersten Blick könnten wir meinen, das seien ganz unterschiedliche Namen, wie ja auch unterschiedliche Personen bezeichnet werden.

Der Name Josua ist uns bekannt als Name des »Titelhelden« eines Buches im Alten Testament, ist uns des näheren vertraut als Name des Nachfolgers des Mose, der in Palästina die »Eroberung« und die Verteilung des Landes organisiert hat.

Dieser Josua, die erste Figur unserer Reihe, ist also eine Zentralgestalt der Geschichte Israels.

Die zweite, namens Jeschua, ist, wenn wir den prominentesten Namensträger herausnehmen, der Hohepriester, der die priesterliche Tradition in der nachexilischen Zeit nach der Rückkehr aus der babylonischen Gefangenschaft begründet hat, also der erste bedeutende Hohepriester der neuen Generation des neuen Israel.

Diesen prominenten Namensträgern läßt sich nun auch Jesus beigesellen.

Diese Reihung habe ich nicht ganz ohne Hintergedanken vollzogen, denn von der sprachlichen Bedeutung her meinen alle drei Namen das gleiche. Es handelt sich um ein und denselben Namen von der Etymologie her.

Der Name Josua, hebr. *Jehoschu^c a* (im folgenden vereinfachend: Jehoschua), setzt sich zusammen aus dem Gottesnamen Jahwe und dem hebräischen Nomen *schu^c a*, d. h. Rettung. Josua bedeutet also »Jahwe ist Rettung«.

Das hebräische *Jehoschu^c a* kann im Laufe der Zeit einen Aussprachewandel durchmachen und verkürzt erscheinen. Der Name Jehoschua wird in und seit der exilischen Zeit durchweg als Jeschua ausgesprochen. Jeschua ist also nur eine Verkürzung des Namens Jehoschua und bedeutet ebenfalls : »Jahwe ist Rettung«. Josua/ Jehoschua und Josua/Jeschua erscheinen in griechischer Übertragung unter der Form »Jesus«.

Auch das alttestamentliche Buch Josua wird in der griechischen Ausgabe des Alten Testaments, der Septuaginta, als das Buch mit dem Titel »Jesus« geführt. Es ist also Jesus nichts anderes, als dieser Name, der im Alten Testament als Jehoschua oder Jeschua geläufig ist.

Der Name als Titel

Das bedeutet, daß wir schon einmal ernsthaft fragen müssen, ob der Name Jesus nicht von seiner Vergabe und seinen Vorgaben her bereits einen theologischen Inhalt hat. Es ist allzu selbstverständlich und man findet kaum eine kontrastierende Idee dazu, daß der Name Jesus mehr sein könnte, als ein zufällig gewählter Personenname. Natürlich weist die Kindheitsgeschichte darauf hin, daß der Name Jesus einen besonderen Gehalt habe. Allerdings liegt hier bereits, und darin sind sich die Exegeten einig, eine Interpretation vor: »Sie wird einen Sohn gebären; ihm sollst du den Namen Jesus geben; denn er wird sein Volk von seinen Sünden erlösen.« (Mt 1,21). Der Name bedeutet demnach Rettung, Befreiung, Menschenfreundlichkeit, wie sie eben nur der Gott Israels gewähren kann. Die Anspielung auf die Semantik des Namens verzichtet gleichwohl auf eine ausdrückliche Vergegenwärtigung der prominenten Namensträger im Alten Testament. Die christliche Tradition der Evangelien hat statt dessen vielmehr einer anderen Vorläufergruppe ihren Platz eingeräumt, indem sie in der Verklärungsszene die im Frühjudentum lebendigen »Prophetengestalten« Mose und Elija zusammen mit Jesus erscheinen läßt. Selbst wenn diese Traditionslinie mit gutem Grund akzentuiert werden darf, sollte das nicht bedeuten dürfen, daß nicht auch andere typologische Verbindungen, die das Alte Testament nahelegt, geltend gemacht werden.

Der Name Jesus ist also bereits in den Kindheitsgeschichten gedeutet worden. Könnte er nicht von vornherein mehr als ein Name sein, könnte er nicht ein Titel, ein theologischer Hoheitstitel sein oder zumindest, mit Vorbehalt ausgedrückt, als ein solcher Hoheitstitel verstanden worden sein? Damit wäre natürlich auch die Möglichkeit nicht ausgeschlossen, daß Jesus von Haus aus einen anderen Namen gehabt habe. Das ist nicht unmöglich oder undenkbar, aber unter dem Namen Jesus ist er in die biblische Tradition eingegangen, vermehrt um weitere Hoheitstitel bekannter Natur, wie Christos (Gesalbter), Soter (Retter) usw.

Frage also, ist der Name Jesus nicht bereits derart theologisch bestimmt und charakterisiert, daß er mehr ist als ein Personenname, der dem Kind gegeben worden ist?

Das wollen wir etwas erläutern und zwar an Hand dieser bedeutenden Persönlichkeiten, denn jedem Juden sollte bewußt gewesen sein, daß es vom Alten Testament her nur diese beiden bedeutenden Träger des Namens gegeben hat, die ihre Zeitgenossen überragen, die niemanden zur Seite haben, der ihnen zur Konkurrenz hätte werden können.

Das ist Josua, der Nachfolger des Mose, der im Zentrum der Landnahmeüberlieferungen Israels steht, der die Verantwortung für die Landverteilung trägt.

Das ist zum anderen Jeschua, der am Anfang der hohepriesterlichen Geschichte des neuen Israel in der nachexilischen Zeit steht.

Zugegeben, es gibt im Alten Testament hier und da Träger des Namens Jeschua oder Josua, sogar einen Ortsnamen Jeschua, aber sie spielen in der Reflexion keine weitere Rolle. Es ist bemerkenswert, daß diese beiden Gestalten an Schnittstellen der Geschichte Israels und des Judentums stehen. Dazu ein weiterer Kommentar.

2. Josua: Protagonist der Landnahme

Josua, Diener des Mose, Vertrauter des Mose, Amtsnachfolger des Mose, ist jemand, der nicht in Ägypten oder in der Zeit vor der Landnahme zu besonderer Ehre gelangt ist. Seine eigentliche Funktion in der Erinnerung Israels ist die, daß er das für Israel vorgesehene Land, seinen Lebensraum, eröffnet hat. Er ist der Initiator, im Auftrag Jahwes natürlich, der Israel einen Raum in Palästina ermöglicht. »Mach dich also auf den Weg, und zieh über den Jordan hier mit diesem ganzen Volk in das Land, das ich ihnen, den Israeliten, geben werde« (Jos 1,2).

Die Landnahme, der Übergang über den Jordan, die Inanspruchnahme des Landes mit all ihren Begleiterscheinungen, die sog. Eroberung, die eigentlich von Haus aus gar keine militärische Eroberung gewesen ist, wie uns die Zeitgeschichte lehrt, sondern ein allmähliches Hineinwachsen in dieses Land und die Verteilung an die Stämme Israels, das wird mit Josua verbunden. In all diesen Bezügen wächst Josua in die Rolle eines gesamtisraelitischen Begründers Israels hinein und zwar an dem Ort, wo Israel seine Heimat findet.

Josua und nicht Mose ist derjenige, der in Israel die Existenz des Volkes sichert und ermöglicht. Er ist also im Grunde ein fernes Gegenstück bereits zu jemandem, dem man zutraut, der menschlichen Gemeinschaft ein Reich zu vermitteln, in dem diese menschliche Gemeinschaft ihren Glauben leben kann. Er ermöglicht durch seine Aktivität in der Rückschau Israels das Verweilen in Palästina und die Stabilisierung des Volkes. Er ist der politische und religiöse Führer des vorstaatlichen Israel in seinen Anfängen. Mose selbst hat das Land zwar gesehen, aber nicht betreten. Vom Berge Nebo aus richtet er seinen Blick in den Westen, darf aber das Land nicht besitzen. Josua ist sein Amtsnachfolger. Er tritt die Nachfolge des Erstberufenen in politischer und religiöser Hinsicht an.

Wenn wir sehr viel später vom Reich Gottes hören, das auf Erden beginnt, so ist für Israel dieses Land das Geschenk Jahwes. Die deuteronomische Theologie hat sich ja ganz besonders auf dieses Land bezogen und es als Geschenk Gottes angesprochen. Für Israel ist das Wohnen in diesem Raum etwas, was ganz intensiv zur Religion und zum Glauben dazugehört. Die Bindung an dieses Land – ein Reich Gottes auf Erden, eine Vorwegnahme der *Basileia tou theou* – ist das, was in Josuas Tat seiner Vermittlung des Landes im Auftrag Jahwes geschieht.

Den Vergleich mit der Basileia können wir noch weiterführen, denn Josua wird in den ältesten literarischen Darstellungen des Alten Testaments weit mehr als ein antiker oder vorzeitlicher Volksführer, Eroberer oder dergleichen gezeichnet. Die sogenannten Stadteroberungsgeschichten im Buch Josua und deren Weiterverarbeitung bis hin zur deuteronomistischen Gestaltung zeigen, daß dieser Josua so etwas ähnliches ist wie ein alternativer König. Die Geschichten sind ja erst niedergeschrieben worden, als man längst eine staatliche Einheit kannte, aber auch die zwei Staaten, Juda und Israel hinnehmen mußte und dabei seine Negativerfahrungen mit den zeitgenössischen Herrschern gemacht hatte.

So galt das Interesse derjenigen, die diese Traditionen zum Ausdruck brachten und schriftlich fixierten, auch einer idealen Gestalt, die anders als die erlebten Könige sein sollte, die meistens ihren Machthunger stillten und sich vor allen Dingen, nach deuteronomistischer Perspektive mit wenigen Ausnahmen, nicht an Jahwe gehalten haben. Nicht umsonst gibt es eine gewisse Ähnlichkeit zwischen den Namen Josua und Joschija. Zwar sind sie semantisch nicht gleichbedeutend wie Josua und Jeschua, aber Joschija, der große Gönner der deuteronomischen Bewegung, konnte in einem Mann namens Josua eine ähnliche Figur entdecken, einen wahren Israeliten, einen prototypischen Volksführer oder Herrscher in Israel, der seine Macht nicht für sich selbst nutzt, sondern im Auftrag Jahwes dienend tätig ist.

Ich denke, das sind schon eine Reihe Aspekte, die man ins Auge fassen darf: ein auf Jahwe, auf Gott zurückgeführtes Herrschaftsverständnis und die Überzeugung, daß sich der Herrscher vor Jahwe verantworten muß – im Buch Josua wird gerade die Grundverantwortung des Herrschers immer wieder betont –, sein Dienersein im Reich Gottes auf Erden, das sich bereits in der Gemeinschaft Israels verkörpert.

3. Jeschua: Hoherpriester nach dem Exil

Jeschua, die zweite Figur, steht an ganz ähnlicher Schnittstelle der Geschichte Israels und des Judentums und zwar nach dem babylonischen Exil. Er hat aber eine ganz andere oder wenigstens zusätzliche Funktion, er ist Priester.

Josua ist noch ein Führer des Volkes, ohne daß die Tradition zwischen seiner staatsmännischen oder seiner kultischen Tätigkeit differenziert. Beides geht ineinander über. Josua ist beispielsweise ein Altarbauer und er ist zugleich der politische Organisator, der Kult und Politik zusammenführt. Besonderes Beispiel dafür ist die Tradition, die in Jos 24 Josua auf dem irreführend sogenannten »Landtag zu Sichem« auftreten läßt. Hier erscheint Josua als Volksführer und als Kultdiener.

Jeschua aber ist eindeutig Priester und er begründet die hohepriesterliche Tradition nach dem Exil. Mit dem Exil endet ja das Königtum in Juda/Jerusalem; das israelitische, also das Königtum des Nordreiches, hatte längst aufgehört zu existieren (722 v. Chr.). Vom Exil an lag die Herrschaft mehr und mehr in den Händen der Hohenpriester. So ist Jeschua der Protagonist einer neuen Zeit.

Die Hohenpriester stellten sich dar wie die Könige in der vorexilischen Zeit. Sie übernahmen die Insignien, die Kleider und die Darstellungsformen der Königszeit. Das können wir sehr schön an den Anweisungen sehen, die im Buche Exodus über die Ausstattung des Hohenpriesters und der Priester geliefert werden (Ex 28). Die liturgische Kleidung der christlichen Priester steht in mittelbarer Beziehung zu der Kleidung des alttestamentlichen Priestertums. Dieses wiederum leitet seinen Ornat auch terminologisch zurück auf besondere Ausstattungsstücke des vorexilischen Königtums. Schließlich beruht das äußere Gepräge des Königtums in Juda/Jerusalem auch in seinen Kleidungsgewohnheiten und in seiner höfischen Ausstattung auf dem großen Vorbild der Pharaonen.

So haben wir eine außerordentlich lange und detaillierte liturgische Tradition vor uns, vom Kult der Priester im pharaoni-

schen Ägypten bis hin zu den Aktanten des christlichen Gottesdienstes.

Jeschua ist nun der bekannteste Repräsentant für das Hohepriestertum geworden und für dessen neu erwachtes Selbstbewußtsein.
In der vorexilischen Zeit waren die Priester dem Königtum allzu-
sehr verpflichtet mit allem, was an Abhängigkeiten, an negativen
Folgen damit verbunden war. Die Priester hatten kaum eine genuine
Vollmacht, sie konnten dem königlichen Interessen kaum zuwider-
handeln. Der König verstand sich ja als letzte Autorität auch in
religiösen Dingen.

Das hat sich nach dem Exil geändert. Die priesterliche Generation hat geradezu den Spieß umgedreht und die geistliche Macht in
den Mittelpunkt gestellt, die sich dann auch der politischen mit entsprechend negativen Konsequenzen annahm.

Dafür steht Jeschua als Erstling in der Reihe der Hohenpriester
vor uns. Er leitet eine neue Periode in der Geschichte Israels,
genauer die Primärphase des nachexilischen Judentums ein, in der
die kultische Neuorientierung bestimmend wird, eine Zeit, in der
das neue Israel zu sich selber kommt. Es ging ja gerade nach dem
Exil darum, zu entscheiden, wer das neue Israel sei und die Antwort
darauf auch politisch durchzusetzen. Der Trend ging dahin, wie
wir schon gesehen haben, die exilische Gemeinde aus Babylon zum
Träger dieser neuen Zeit zu machen. Befürworter dieser babylo-
nisch-exilischen Herkunft sind vor allem die Deuteronomisten und
Teile der priesterschriftlichen Autoren gewesen, Parteigänger einer
neuen Generation, die für sich in Anspruch nahm, das neue Israel
zu vertreten. Jeschua war ein Vertreter dieser neuen Generation.

Ich glaube, es ist jetzt gar nicht mehr so schwierig, in den beiden
Figuren Josua und Jeschua Vorstufen und exemplarische Prototypen
zu sehen, die dem Namen Jesus ein tradiertes theologisches Gewicht
geben. Ich muß zur Profilierung des Jeschua noch etwas hinzufügen,
was vor allem bei den Propheten Haggai und Sacharja zu lesen ist.

Prophetisches Traumbild

Bei Haggai und Sacharja wird dieser Jeschua noch mit dem alten
Namen Jehoschua benannt. Der Prophet hat offenbar die Äqui-

valenz der Namen gesehen, so daß er den zeitgenössischen Hohenpriester noch mit dem altehrwürdigen Namen Jehoschua nennt,
obwohl die Alltagssprache den Mann sicher als Jeschua gekannt
hat. Die Bücher Esra und Nehemia und die Chronikbücher nennen
diese gleiche Person wiederum Jeschua. Ein und derselbe Mann
kann einmal mit dem profilierten Namen Jehoschua (Josua) belegt
werden und er kann bei den Zeitgenossen auch Jeschua heißen.
Gerade weil dieser Hohepriester in der Verbindung mit dem klassischen Namensträger Jehoschua (»Jahwe ist Rettung«) gesehen werden kann, wird er selbst zu einem glaubwürdigen und kompetenten
Initiator einer neuen Generation.

Bei Haggai und Sacharja wird das sehr deutlich, wo dieser
Jehoschua zusammen mit einem Politiker namens Serubbabel vorgestellt wird; Serubbabel, ein babylonischer Name, in dem der
Name Babylon steckt. Dieser Serubbabel ist ein politischer Organisator, derjenige, der die staatliche Macht vertritt und Jeschua ist
der Partner dieses Serubbabel in geistlichen Dingen, in kultischer
Orientierung, eben der Hohepriester.

Der Prophet Sacharja, der uns besonders durch seine sogenannten Nachtgesichte, seine Traumvisionen, bekannt ist, stellt diese
beiden Gestalten, Serubbabel und Jeschua, nebeneinander und läßt
uns an seiner Vision teilnehmen (Taf. 4).

Bevor beide Gestalten ins Blickfeld treten, wird der Hohepriester nach Sach 3,1–10 mit einem »Engel Jahwes« konfrontiert, der
seine Reinigung veranlaßt, indem er seine Kleider entfernen und
ihn mit neuen Gewändern ausstatten läßt. Alsdann wird Jeschua
zum Dienst an Jahwe verpflichtet, er mit seinen Gefährten, die als
»Männer des Wahrzeichens« bezeichnet werden (V. 8), weil sie
Wegbereiter eines kommenden »Knechtes« Jahwes sein sollen.
Dieser »Knecht« wiederum erscheint als der »Sproß«, der nach
Sach 6,9–14 den Tempel erbauen und einen Herrscherthron bestei-
gen wird. Dieser »Sproß« ist der Inhaber der »weltlichen« Macht,
neben der der Hohepriester seinen »geistlichen« Platz hat. Trotz
der hier gegebenen Auszeichnung des weltlichen Partners Serubbabel kommt dem Hohenpriester Jeschua doch die größere Unmit-
telbarkeit in der Gottbegegnung zu, ja es scheint, als wenn sich
der Prophet Sacharja und nicht zuletzt Israel selbst in ihm wiederfinden, um an dem Geschenk der befreienden Entsühnung teil-

Tafel 4

zuhaben. Zugleich kommt mit der »Sproß«-Verheißung eine prototypische Bedeutung Serubbabels zur Geltung: er wird zum Unterpfand des ewigen Friedens.

In der Mitte des folgenden Traumbildes (Sach 4,1–14) steht eine Menorah, ein Leuchter mit visionären Konturen. Dieser Leuchter versinnbildet mit seinen Aufsätzen die Gegenwart Jahwes, ein Licht, das von Jahwe herkommt. Zu beiden Seiten des Leuchters wird jeweils ein Ölbaum beschrieben. Diese beiden Ölbäume werden gedeutet als die beiden Gestalten Jeschua und Serubbabel. Die Vision zeichnet also das lebensspendende Licht Jahwes in der Mitte, und dieses Licht umstrahlt gewissermaßen diese beiden Repräsentanten des neuen Israel. Sie heißen die beiden »Ölsöhne«. Damit stehen sie in der Nähe einer Bezeichnung, die man in Israel sehr wohl kannte, nämlich des Ausdrucks Maschiach, d. h. Messias, der »Gesalbte« - ins Griechische übertragen: Christos. Maschiach und Christos bedeuten also dasselbe, so daß die Christen, wie wir noch sehen werden, eigentlich »Messianer« sind, wenn man ihre Bezeichnung wörtlich übersetzt, also Anhänger eines Messias.

Diese beiden, Jeschua und Serubbabel, konnten so als »Gesalbte« Gottes gelten, ja sogar als Gestalten, die mit frischem Öl (hebr. *jitzchar*) gesalbt sind, d. h. Träger einer neuen Verwirklichung von Herrschaft mit geistlicher und politischer Orientierung, so wie dann später die Qumrangemeinde von zwei Messiasgestalten sprechen kann.

4. Jesus = Josua + Jeschua?

Josua, Jeschua, Jesus – drei unterschiedliche Gestalten in der biblischen Literatur mit gleichem Namen: Jeschua als Kontraktion aus Jehoschua in der griechischen Entsprechung Jesus. Alle drei Namen bedeuten:»Jahwe ist Rettung«. Historisch gesehen: drei unterschiedliche Figuren, die über den Namen hinaus etwas Vergleichbares in ihrer überlieferungsgeschichtlichen Darstellung aufzuweisen haben.

Angesichts der parallelen Züge zwischen den beiden erstrangigen Namensträgern im Alten Testament ist es etwas verwunderlich, daß die christliche Tradition nicht deutlicher diese zwei Gestalten mit dem»Dritten im Bunde« zusammengesehen hat, obwohl das Alte Testament gewissermaßen die Vorgaben dazu liefert.

Josua ist wie Jesus jemand, der für Israel einen Lebensraum eröffnet, ein neues Reich erschließt, ein politisches zwar, aber politisch nicht in unserem Sinn von profan und administrativ, sondern wie selbstverständlich ein neues Reich, in dem die Gegenwart Gottes spürbar ist. Gott hat das Land, so die Überlieferung über Josua, Israel zwar gegeben, aber es ist ein Geschenk und auf dieses Geschenk wartet eine dankbare Antwort.

So gesehen, kann man in Josua eine Gestalt erkennen, die in der Überlieferungsgeschichte Israels und des Judentums paradigmatischen, prototypischen Charakter hat, der nicht erst Jesus zukommt.

Jeschua, Erst-Priester der Nachexilszeit, nicht weniger bedeutend als der politische Führer der Anfangszeit, ist ein geistlicher Führer, allerdings auch seinerseits mit politischem Anspruch. Er ist das Urbild des Hohenpriestertums und stellt eine Vorwegnahme des umfassenden Priestertums Jesu dar. In Verbindung mit seinem Partner Serubbabel stellt er die neue Gesellschaftsordnung unter der Hoheit Jahwes vor. Im Verlauf der nachexilischen Zeit gewinnt der Hohepriester ein entscheidenderes Profil, da er der Anwalt des Aufbaus eines theokratischen Gemeinwesens wird.

Dieser Jeschua wird im 4. Kapitel des Propheten Sacharja, wie wir gewissermaßen mit ihm gesehen haben, noch zusammen mit Serubbabel, dem politischen Partner, unter den beiden Ölbäumen symbolisiert, und sie stehen in der Vision als messianische Projektionen da, die in der Begleitung Jahwes aufscheinen. Fast so, wie in der Transfiguration auf dem Tabor, bei der Verklärung Jesu, wo Jesus mit Mose und Elija als den Vorboten der Endzeit dasteht. Jesus wird hier freilich mit der Göttlichkeit Jahwes zusammengeführt, ist also bereits mehr als ein Messias. Die beiden zeitgeschichtlichen Exponenten des neuen Israel, Jeschua und Serubbabel hinwieder ersetzen freilich nicht die Traditionslinie, die durch die Namensbeziehung Josua – Jeschua definiert ist und auf den historischen Jesus zuläuft. Beiden Vergesellschaftungen ist jedoch gemeinsam, daß sie keinen Widerhall im Neuen Testament zur Seite haben.

Wenn wir diese beiden Gestalten Josua und Jeschua nun für sich nehmen, könnten wir eine Linie herstellen, die im Alten Testament eine Abfolge kennzeichnet, die über sich hinausweist. Denn mit Jeschua verbindet sich noch stärker als mit Josua eine tiefsitzende Erwartung, daß mit der Begründung des neuen Israel jener Grad an innerer Sicherheit, an Friedenszeit, an Glaubwürdigkeit usw. realisiert werde, die man sich eigentlich schon beim Regierungsantritt eines Königs erhofft hat. So wird dieser Jeschua zum Inbegriff einer Heilsfigur, was sicher seine historische Dimension überzeichnet. Aber in seinem Namen und in seinem Titel verkörpert sich die Hoffnung derjenigen, die aus dem Exil zurückgekommen sind, daß es doch mit dieser Friedenszeit Wirklichkeit werden möge, in der Gott wirklich zuhause ist, seine Gegenwart unter dem Volk Israel bezeugt.

Ich erkenne in dieser Parallele Josua-Jeschua, die zunächst rein alttestamentlich interpretiert werden muß, einen Fingerzeig, der über das Alte Testament hinausweist. Nach all dem Auf und Ab in der Geschichte Israels, nach den vielen Reformen, nach dem Trend zur Erneuerung in der nachexilischen Zeit, nach dem beginnenden Selbstverständnis des frühen Judentums, im Ringen um den besonderen Charakter des neuen Israel stellen beide Gestalten Hoffnungsträger dar. Die Erwartung richtet sich auf jemand, der all das in sich trägt, was Josua und Jeschua bereits versinnbilden: den Anbruch des Reiches Gottes auf Erden. So ist das himmlische Jerusalem bereits anwartschaftlich Wirklichkeit geworden.

Es ist unbestritten, daß Jesus den gegenwärtigen Beginn der Gottesherrschaft künden wollte. Auch wenn ihm nachgesagt wird, er habe der zeitgenössischen Apokalyptik mit ihrer Trennwand zwischen der angeblich chaotischen Gegenwart und der kommenden Heilszeit das Ja zum Jetzt gegenübergestellt, wird man ihn kaum anders als in der Linie sehen können, die ein Prophet Sacharja seherisch beschrieben hat. Die in der Botschaft Jesu verborgene Relation zwischen dem Gekommenen und dem Kommenden ist in der Vision Sacharjas antizipiert.

Ich denke deswegen, daß der Name »Jesus« nicht ohne Grund gewählt ist und ich schließe nicht aus, daß der Name Jesus eher als ein Titel denn als ein einfacher Personenname anzusehen ist. Wissen wir doch überhaupt nichts über die frühen Jahre und über die Geschehnisse um die Namengebung dieses Kindes Jesus! Wir begegnen ihm ja erst mit seinem Eintritt in die Öffentlichkeit und da kann er längst diesen Namen Jesus auf sich gezogen haben. Ich lasse das offen, ich will in keiner Weise ein historisches Urteil fällen. Ich halte es nur gemäß anderen Titelnamen für möglich, daß dieser Name Jesus von seinem Inhalt her eine Figur beschreibt, die das auf sich zieht, was mit den Namen Josua und Jeschua bereits angezeigt war.

Das Neue Testament tut ja ein übriges, um gerade diese Aspekte, die Josua und Jeschua zukommen, ohne ausdrückliche Erinnerung an diese beiden Gestalten auf Jesus zu beziehen. Ich weise nur auf zwei Perspektiven hin und denke an die Rede von der *Basileia tou theou* im Neuen Testament, besonders im Matthäusevangelium, wo es ja um das schon angebrochene Reich Gottes geht, das seiner absoluten Erfüllung noch harrt, das berühmte »Schon da und noch nicht«, diese bleibende Spannung zwischen dem, was durch die Person Jesu eingeleitet ist und was an Erfüllung noch aussteht.

Die *Basileia tou theou* ist vorgebildet bereits durch dieses Reich, das Josua eröffnet hat, ein Land der Verheißung (»gelobtes Land«), in dem die göttliche Gegenwart spürbar wird. Die redaktionelle Sicht der Landnahmetraditionen kann ja ausdrücklich vom Aufschlagen des »Offenbarungszeltes« reden (Jos 18,1), jenem Ort also, der nach den Überlieferungen Israels die flexible Gegenwart Gottes in seinem Volk und seinem Land symbolisiert.

Ähnliches gilt für Jeschua. Da könnten wir verweisen auf die hohepriesterliche Titulatur im Hebräerbrief: Christus, der Hohepriester, der durch sein Heiligtum hindurchschreitet zum Allerheiligsten und als der vollkommene Priester erscheint (Hebr 4,14–10,18), eine ausgesprochene Beziehung auf die priesterlichen Würdetitel und -tätigkeiten, die das Alte Testament vorzeichnet. Nach der Perspektive des Hebräerbriefes finden wir in Jesus die Vergegenwärtigung dieses idealen Hohenpriesters, »nach der Ordnung Melchisedeks« (Hebr 5,10). Es ist bemerkenswert, daß die namensgleiche Bezugsgestalt Jeschua nicht eigens in Erinnerung gerufen wird. Soll der Hörer/Leser selbst diese Brücke schlagen?

5. Kontakte ohne Spuren im Neuen Testament

Daran erkennen wir das Problem: Das Alte Testament selber schafft Beziehungen, die wir gar nicht aus dem Neuen Testament ersehen können, die gegeben waren, ohne daß sie ausdrücklich ins Neue Testament Einzug genommen haben. Das meine ich mit dieser paradigmatischen Vorgabe, die im Alten Testament greifbar ist und über es hinausweist. Es muß eben nicht alles, auch nicht alles über Jesus, expressis verbis erst und ausschließlich im Neuen Testament zur Sprache kommen, was im Alten Testament an bleibender Verbindlichkeit benannt wird.

Vielleicht verstehen wir jetzt diesen etwas anderen Ansatz, der ein wenig über das hinausführt, was man bislang glaubte vertreten zu können, forschte man doch das Neue Testament auf seine Beziehungen zum Alten Testament hin aus, immer noch in dem Gedanken, es müsse alles auf sich gezogen und konsumiert haben, was das Alte Testament enthält. Es müsse eine radikale Erfüllung auch in allen Details enthalten, ein großes Summarium, einen »Thesaurus«, in dem man nur nachschlagen muß, um Entsprechungen zu finden. Ich bin der Meinung, wir sollten an das Neue Testament nicht die Erwartung herantragen, daß es allen im Alten Testament geweckten Bedürfnissen entspricht.

Man kann sagen, hier bleibt noch ein Rest, ein nicht zu bescheidener Rest, der vom Neuen Testament gar nicht angesprochen wird, aber im Alten Testament sozusagen als »heiliger Rest« greifbar ist.

Deshalb unsere Konzentration auf alttestamentliche Befunde, damit wir die Spannung in den Textbereichen erkennen, die eine Gestalt wie Jesus erwarten lassen.

II. Messianische Konkretionen

Wir sind bei der Betrachtung dieser drei Gestalten auf einen weiteren Begriff gestoßen, den des »Messias«, zweifellos ein sehr strapazierter Begriff, der gerade im Gespräch zwischen Judentum und Christentum eine traditionelle Belastung darstellt. Namentlich in christlichen Kreisen stand das Alte Testament ja unter der besonderen Rücksicht, daß es wegen seiner messianischen Weissagungen Interesse verdiene. Viele haben nichts anderes gewußt, als eben dies, daß das Alte Testament messianisch ausgerichtet sei.

Ich möchte nun nicht die messianischen Weissagungen im einzelnen aufbereiten. Es geht aber um die Qualifizierung des Titels Messias und in Verbindung damit um die Qualifizierung einer messianischen Zeit.

1. Messiasidee im Werden

Was erfahren wir der Substanz nach über den Messias im Alten Testament? Könnte es, so lautet die Frage, auch hier so sein, daß das Alte Testament Züge eines Messianismus an den Tag legt, die im Neuen Testament nicht ausdrücklich eingeholt werden, so daß wir auch hier so etwas wie eine Erfüllung im Ausstand haben, daß also die eigentliche Erfüllung dieses Messiasdenkens im Alten Testament noch aussteht, unbeschadet der Tatsache, daß Jesus in der Überlieferung des Christentums den Messianismus des Alten Testaments auf sich gezogen hat? Wir Christen gehen meist davon aus, als wenn sich all diese messianischen Bewegungen schon erfüllt hätten, bedenken aber zu wenig, daß selbst die christliche Tradition auf der Basis des Neuen Testaments auch den wiederkehrenden Christus kennt, die Spannung zwischen dem gekommenen und dem noch ausstehenden, dem kommenden Christus. Das letztere wird ein wenig hinten angesetzt. Es ist aber doch so, daß Juden und Christen gerade den noch kommenden Messias akzentuieren und sich da am ehesten wiederfinden können.

Ich meine schon, daß man diesen noch kommenden Jesus in seiner endzeitlichen Retterfunktion (»Jesus« als Titel für den Messias halten sollte, der die alttestamentlichen Erwartungen in ihrer absoluten Breite auf sich zieht, der mit dem historischen Jesus in einer geheimnisvollen Liaison steht.

König und Messias

Die Messiasprädikation kommt im Alten Testament erst im Zusammenhang mit dem Königtum auf, allerdings nicht ohne Vorbereitung.

Die Bezeichnung »Messias« stellt die griechische und lateinische Transkription einer aramäischen Wortbildung *Maschiach* dar, die einen »Gesalbten« meint. Die entsprechenden Übersetzungen lauten im Griechischen »Christos« und im Lateinischen »Christus«. Dieser sprachgeschichtliche Zusammenhang sollte immer im Auge behalten werden, wenn die semantische Dimension bedacht wird. Zugleich mit der Reflexion über den Titel muß dem »Christen« bewußt werden, daß sich seine eigene Kennzeichnung unlösbar mit dem »Messias« verbindet. Christen sind substantiell »messianische« Menschen, insofern sie sich nach einem »Gesalbten« benennen und benennen lassen.

Es ist trotzdem charakteristisch, daß für die Christen der Alten Kirche eben nicht generell die Bezeichnung »Messianer« im Umlauf war. Daß man weder den Namen »Jesus« noch den Titel »Messias« als semitische Vorgaben zur eigenen Etikettierung genutzt hat, ist gewiß eine der Ursachen dafür, daß man sich der Verbindung mit dem und den alttestamentlichen »Gesalbten« bestenfalls nur zögernd bewußt sein wollte. Ein nicht unwesentlicher Schritt zu einer autonomen Distanzierung und am Ende verhängnisvollen Eigenmächtigkeit. Man stelle sich vor, die nunmehr so genannten »Christen« hätten sich nach ihrer Bezugsperson »Jesuaner« oder »Messianer« genannt, wie sie ja auch als »Nazarener« bekannt waren, welche Herkunftsbezeichnung immerhin noch die Bindung an die semitische Heimat demonstriert hatte. So aber ist den Christen mit der sprachlichen Orientierung am griechischen Jesustitel »Christos« das Bewußtsein einer lebenswichtigen Verknüpfung mit dem vorgängigen »Messias« abhanden gekommen. Es ist fortan nicht mehr die semitische Provenienz identitätsbildend wirksam, sondern nur noch die griechische Reklamation. Der »Messias« im Frühjudentum wird so zum geheimen Konkurrenten, ja Opponenten des scheinbar einmaligen »Christus« und dessen Gefolgsleuten. Der Verzicht auf die demonstrative Darstellung eigener Abkunft aus jüdischer Umgebung schafft auf die Dauer ein äußerst fragwürdiges Selbstbewußtsein, das sich nicht zuletzt in der spöttischen Distanz zu Messiaserwartungen im Judentum diskreditiert hat.

Der Titel eines »Gesalbten« und zwar näherhin des »Gesalbten Jahwes« gilt im Alten Testament in erster Linie dem König, dessen Hände gesalbt sind. Dieser Titelträger zieht die Würdebezeichnung auf sich, so wie im Alten Orient weithin hohe Funktionsträger als Gesalbte dastehen. Salbung ist ein kultischer Rechtsakt: sie symbolisiert wirksame Übertragung einer Kraft, die primär einer bestimmenden Funktion an und über Menschen gilt.

So braucht es uns nicht zu verwundern, daß der Titel *Maschiach* gerade in den königsfreundlichen Texten immer wieder auftaucht, etwa in den Königspsalmen, unter welcher Überschrift meist die Psalmen 2, 18, 20, 89, 132 geführt werden. Sie alle verwenden den Terminus *Maschiach* für den erwählten Davididen. In all diesen Fällen steht überhaupt nicht zur Debatte, daß der Titel in erster Linie dem Königtum zukommt.

Nun ist hinlänglich bekannt, daß das Alte Testament keineswegs ein Jubelbuch bezüglich des Königtums ist, daß wir genügend andere Stimmen vor uns haben, die keineswegs in »Hurra-Geschrei« ausbrechen, wenn vom König die Rede ist. Im Gegenteil: das Königtum kann einer sehr scharfen Kritik unterliegen. Es gibt freilich Texte, die den Ausdruck *Maschiach* gebrauchen, obwohl sie ein ziemliches Maß an Königskritik offenbaren. Signifikant für diese Einstellung ist etwa die Thronaufstiegsgeschichte Davids, die auf eigenwillige Weise mit dem Titel des »Gesalbten« umgeht. Wo es in dieser Geschichte darum geht, die Konfrontation Davids mit Saul zu illustrieren, da verliert sich der Verfasser nicht in verbalen Exzessen gegen Saul. Er läßt Saul bei all seiner Verwerflichkeit und Verwerfung doch als Gesalbten dastehen. »Denn wer hat je seine Hand gegen den Gesalbten des Herrn erhoben und ist ungestraft geblieben?« (1Sam 26,9), eine Frage, die David in den Mund gelegt wird. Saul ist also ein »Gesalbter«, er ist es als König, aber indirekt wird schon deutlich, daß zwischen dem Titel »Gesalbter« und dem persönlichen Träger eine Differenz bestehen kann. Nicht jeder König erweist sich auch dieses Titels würdig. Er kann zwar der Prägekraft des Gesalbtseins teilhaftig werden und als Träger der Institution mit ihm verhaftet bleiben, seine Haltung vor Gott kann diesem Signum häufig genug diametral widersprechen. Dieser Gedanke zieht sich durch alle königskritischen Texte hindurch, die immerhin noch mit der grundsätzlichen Legitimität des Königtums rechnen. Es gibt eben »Gesalbte«, die diese Würdebezeichnung nicht vertragen.

Kritik und Utopie

Daraus entspinnt sich in der biblischen Tradition eine Spannung zwischen Wirklichkeit und Hoffnung. Man sieht die Könige in ihrer Repräsentanz und muß sie offiziell als Gesalbte ansprechen, aber man stellt sogleich fest, daß sie den hochgestellten Ansprüchen nicht genügen.

So bildet sich eine Kritik am Bestehenden heraus verbunden aber mit einer utopischen Idee, was das kommende Herrschertum betrifft. Der König wird im Scheitern an seiner Aufgabe wahrgenommen und mit einem Königsbild konfrontiert, das alle Erwartungen erfüllt.

Darum gehen diejenigen sicher nicht fehl, die den Ursprung des Messianismus in der Erfahrung der konkreten Ausübung zeitgenössischen Machtstrebens in Israel suchen. Der eigentliche Auslöser für die Entfaltung des »Messianismus« als der Summe der messianischen Erwartungen wäre die Diskrepanz zwischen Historie und Ideal.

Nehmen wir als Beispiel den Psalm 2, den ersten der Königspsalmen, der von dem »Gesalbten« redet und ihn dann nach dem Muster ägyptischer Phraseologie als »Sohn« Gottes auftreten läßt, der seine Gegner in Schach hält, auf dem aber die Gnade Gottes ruht (2,7-9).

Der Psalm 2 ist mit dem Psalm 1 zusammenzusehen, wie die Exegese gelehrt hat. Er ist sicher einem literarischen Wachstum unterworfen, zieht aber deutlich ältere königsideologische Konzeptionen und Ausdrucksformen an sich und verbindet sie mit der Vorstellung des gerechten Menschen, der in Psalm 1 apostrophiert wird: »Wohl dem Mann, der nicht dem Rat der Frevler folgt, nicht auf dem Weg der Sünder geht, nicht im Kreis der Spötter sitzt« (V.1), eine Erwartung also, die den Weisen mit dem König zusammensieht und an den König etwas heranträgt, was der irdische König, der historische König, nie erreicht hat. Das ist eine Spannung, die den Messianismus substantiell bestimmt, weil sich der ideale Herrscher in erster Linie in der Wahrung des Gerechtseins vor Gott und den Menschen auszeichnen muß. Man erhofft sich jemanden, der Weisheit und Macht miteinander verbindet, der sich zwar nach dem Muster der altorientalischen Könige als von Gott Erwählter begreift, aber doch nicht als selbstsüchtiger Potentat darstellt, der auch in seiner Menschlichkeit akzeptabel bleibt, der Macht nicht um seiner selbst willen nutzt, der seine Erwählung als tiefgreifende Herausforderung versteht. Eine indirekte Konturierung dieses primären Messiasbildes wird eigentümlicherweise gerade in einer Formulierung greifbar, die im Buch Jeremia dem stilisierten und redaktionell bearbeiteten Berufungsbericht vorangestellt wird: »Noch ehe ich dich im Mutterleib formte, habe ich dich ausersehen, noch ehe du aus dem Mutterschoß hervorkamst, habe ich dich geheiligt« (1,5). Hier tritt eine Rezeption von Erwählungsreden zutage, wie sie in Ägypten Königen zugedacht sind. Der Prophet wird als zukunftsweisende Alternative zum König verstanden, dessen Erbe er gewissermaßen antritt. Er selbst wird so zu einem Hoffnungsträger, der bereits als Kind ein von Gott Erwählter ist, um zugleich befähigt zu sein, als Regent über »Völker und Reiche« über Niedergang und Aufbau zu entscheiden (vgl. 1,10). Der Prophet ist nach dieser Perspektive der Retter, so daß die göttliche Berührung des Mundes (V. 9) geradezu als Umschreibung der Salbung aufgefaßt werden kann. Die Geschichte des Prophetentums ist ohnehin an die Berufung charismatischer Rettergestalten gebunden, zu deren Einsetzung auch die Salbung hinzutreten konnte (vgl. vor allem Samuel und Saul).

Josua – ein »Vor-Messias«?

Wir könnten jetzt die Frage stellen, warum nicht schon für den ersten Träger des Namens »Jesus« d. h. Josua im Alten Testament eine ähnliche Rollenbeschreibung geltend gemacht wurde, wie sie dem »Retter« und Propheten zugefallen ist.

Auch Josua ist nach den älteren Textzeugnissen, vor allem nach den mehrfach redaktionell überarbeiteten, so etwas wie ein Gegenbild des herrschenden Königtums. In ihm konzentriert sich bereits in den älteren Darstellungen seiner Person eine Vollmacht, die sich unterscheidet von dem etablierten Königtum in Juda/Jerusalem. Dieser Josua ist aber noch kein *Maschiach,* ist noch kein Gesalbter. Denn gerade der Titel Gesalbter wird in der älteren Überlieferung vermieden, weil man ja hier einen aus dem Sippenbereich kommenden Menschen, einen Führer einer Sippe Israels vor sich hat, dem man ein viel höheres Maß an Flexibilität zutraut als dem etablierten Stadtkönigtum in Jerusalem. Josua ist ein ganz anderer, er braucht das Zeichen der Salbung nicht.

Nachdem es aber in Israel zum Königtum gekommen ist, Herrscher wie David und Salomo, Hiskija und Joschija ein so großes Ansehen gewonnen haben, kam auch die Erwartung eines alternativen Königs nicht mehr ohne den Messiastitel aus, so daß der Gesalbte mehr und mehr zu einem Titel für den utopischen König wurde.

Wenn wir die Geschichte weiter verfolgen, erleben wir in der exilischen und nachexilischen Zeit einen neuen Umgang mit dem Titel Messias. Das Königtum hatte abgewirtschaftet, man konnte wirklich nicht mehr Gesalbtsein und Königtum oder irgendein Herrschertum in Israel in einem Atemzug miteinander nennen.

Der Hohepriester als Gesalbter

Auf wen geht der Titel »Gesalbter« über? Die Priesterschrift im Alten Testament, das große kultorientierte Literaturwerk, zeichnet uns den Hohenpriester als einen Gesalbten. Der Priester *(hakkohen),* der Hohepriester, der Gesalbte *(hakkohen hammaschiach):* das sind die Titel, die die obersten Kultdiener Israels an sich ziehen.

Die Priesterschrift ist aber eine Programmschrift. Sie will für die Zeit nach dem Exil, für das beginnende Judentum eine kultische Heimat beschreiben, eine Heimat, in der eine geistliche Theokratie besteht, in der der irdische Repräsentant die Gegenwart Gottes verkündigt und in seiner Person deutlich macht. Der Titel *hakkohen hammaschiach* versinnbildet in der Zeit des Frühjudentums den Übergang vom Königtum auf das Hohepriestertum nach dem babylonischen Exil und er zeigt auch an, daß nunmehr eine Alternative zu allen irdischen Machtsystemen angesetzt wird, ein neuer Hoffnungsträger aufscheint, der ganz anders und glaubwürdiger von der Präsenz Gottes auf Erden künden kann, als es die irdischen Machthaber in der vorexilischen Zeit tun konnten.

Natürlich ist auch mit dem Hohenpriestertum eine Erwartungshaltung gegeben. Sie wird noch einmal auf spezifische Weise beim Propheten Ezechiel verdeutlicht, wenn wir an den sogenannten Verfassungsentwurf in den Kapiteln 40–48 des Ezechielbuches denken. Da tritt, ganz im Gegensatz zur vorexilischen Zeit, ein Fürst in Erscheinung, dessen Palast vollständig den Ausmaßen des Tempels nachgeordnet ist, im Gegensatz zu der vorexilischen Zeit, wo der Palast des Königs viel größer war als der Salomonische Tempel. Der Salomonische Tempel war ja nicht viel größer als eine Dorfkirche. Dagegen hat der Palast des Königs im damaligen Jerusalem viel größere Ausmaße gehabt.

Die Verhältnisse sollten in der nachexilischen Zeit völlig umgestellt werden, die irdische Repräsentanz, das politische Machthabertum sollte völlig in den Schatten des Bewußtseins treten, daß eigentlich für Israel Jahwe, der Gott Israels, verbindliche Maßstäbe setzt und einen Eindruck hinterläßt, der sich auch in der Architektur ausweisen soll. Nun, auch die Vorstellungen des Propheten Ezechiel sind Parallelprogramm gewesen zu dem, was die Priesterschrift entworfen hat.

Es ging ja um die Vorstellung, daß das künftige Königtum ein Königtum im Auftrag Gottes sein und eine Repräsentanz des Königtums Gottes versinnbilden sollte. Natürlich bleibt diese Erwartung ebenso unerfüllt, weil sich immer wieder menschliches Machtstreben durchsetzt. Israel und das Judentum erkennen auch in der Gestalt des Hohenpriesters dieses menschlich-autonome Gehabe, das das Vermögen, die Potenz des Menschen überzieht und damit Israel und das Judentum in immer neue Krisen hineinstürzt.

Deswegen kommt auch in der nachexilischen Zeit in Verbindung mit dem Hohenpriester erneut diese Erwartung auf, es möchte doch jemand kommen, der wirklich glaubwürdig den Titel des Gesalbten verdient und der im Gesalbtsein seine besondere Beauftragung durch Jahwe bezeugt, der für Israel zugleich eine Friedensperiode einleitet. Nach dem gesamtem Hin und Her der Auseinandersetzungen und Bedrohungen, denen Israel ausgesetzt gewesen ist, verstärkt sich die Erwartung, daß der Messias nicht nur um seiner Person willen als Gesalbter dastehen soll, nicht nur als ein Botschafter und Vertreter Gottes auf Erden, sondern auch als ausgesprochener Friedensstifter für Zeit und Ewigkeit.

Sohn Gottes und Messias

Gibt es einen Unterschied zwischen einer metaphysischen Vorstellung vom Sohn Gottes und der messianischen Idee? Ich halte diese neuerdings in der Dogmatik vorgebrachte Unterscheidung für ganz hilflos und irreführend, denn es ist selbstverständlich, daß die messianische Gestalt auch mit dem Anbruch einer künftigen Friedenszeit verbunden wird. Dazu ist von der Religionsgeschichte her bekannt, daß die Sohn-Gottes-Titulatur an Vorstellungen von einer kommenden Heilszeit geknüpft war. Es läßt sich keine Ablösung der Sohn-Gottes-Idee von der Messias-Konzeption konstruieren, wenn man nicht biblischen und außerbiblischen Befunden widerstreiten will. Es ist für biblisches Denken selbstverständlich, daß ein neues Reich den neuen Himmel und die neue Erde bedeutet, d. h. also, daß das Neue nicht etwa losgelöst von der irdischen Repräsentanz, bzw. ohne Einbeziehung unseres Lebensraums geschehen kann. Ich denke, mit der Person ist auch ein Ausblick auf die messianische Erneuerungszeit gegeben.

2. Jesus: einer der Messiasse

In der Orientierung am Messias sind die Erwartungen keineswegs auf Singularität und Exklusivität gerichtet. Wie Israel in der Rückschau auf seine Vergangenheit immer wieder eine Mehrzahl von Hoffnungsträgern ausgemacht hat, kann auch das Judentum grundsätzlich eine Mehrheit von Gestalten nominieren und proklamieren.

Daß ein Messias in Verbindung mit einem zweiten auftreten kann, wird ja schon in Sach 4 zum Ausdruck gebracht: Jeschua und Serubbabel sind eben zwei Protagonisten einer kommenden Heilszeit. Schließlich werden noch in der Literatur der Gemeinde von Qumran zwei »Gesalbte« als Messiasse geführt.

Eine Zweiteilung soll auch, und das entspricht durchaus biblisch-orientalischem Denken, in dieser kontrastierenden Weise eine Zusammenschau einer Wirklichkeit ausdrücken. Die Erwartung geht dahin, daß eine politisch-religiöse Erneuerung geschehen möchte, ja eine Revolution, eine permanente Umwälzung, die den Machthabern und dem Volk deutlich macht, daß irdische Repräsentanz immer auf Abwege führt, daß menschliches Machtstreben eigentlich immer wieder den Ansprüchen, die an eine messianische Zeit gerichtet sind, zuwiderläuft.

Wir könnten auch über die Priesterschrift hinaus mit der Vorstellung vom gesalbten Hohenpriester auf das Danielbuch verweisen. Da ist es noch deutlicher dargestellt. Dan 9 redet ganz exquisit vom kommenden Messias, geradezu vom gesalbten Priesterkönig.

Nicht weniger aufschlußreich ist eine Vorstellung vom Gesalbten Jahwes, wie sie sich beim Propheten Deuterojesaja findet. Hier ist es nicht einmal eine aus dem Judentum stammende Retterfigur, sondern ausgerechnet ein Potentat aus dem Osten, der Perserkönig Kyrus, der in den Rang des erwählten Friedensherrschers und Heilsbringers für Israel hineingewachsen ist (Jes 45,1).

Das alles sind Erwartungen, die das frühe Judentum charakterisieren und das ist der Horizont, vor dem auch eine Gestalt wie Jesus ihren Platz hat. Lenken wir aber unsere Aufmerksamkeit zurück auf die inneralttestamentlichen Messiasbilder. Wir brauchen dazu nicht das Neue Testament, wenn wir diese Erwartungshaltung definieren wollen. Die frühjüdische Erwartung zur Zeit Jesu war gedrängt voll von messianischem Interesse. Man wartete rundum, fast jeder auf seine Weise, auf jemanden, der politisch-religiöse Hoffnungen erfüllen und in die Tat umsetzen würde. In diesem Spektrum der vielfältigen Orientierung auf messianische Gestalten ist die Konzentration auf jemanden wie Jesus nicht von vornherein etwas Exklusives oder Heterogenes. Jesus ist nicht derjenige, der per se zu allen Messiaskonzeptionen im Judentum in einem radikalen Widerspruch steht. Daß er sich im Gegenteil in das Geflecht der vielfältigen Hoffnungen einfügt, um selbst als Zeichen jüdischer Hoffnung dazustehen, bedarf weiterer Betrachtung.

So sehr man auch ein exponiertes Verständnis des Jesus von Nazaret begründen will, so möchten wir doch auch sagen, daß die neutestamentliche Reflexion über diesen Jesus nur einen Teil dessen einholt, was in der alttestamentlichen und frühjüdischen Erwartungshaltung mit der Messiasidee verbunden ist.

Gerade das, was über den historischen Jesus hinausweist, die Vorstellung vom Wiederkommenden, das wird in der frühjüdischen Erwartungshaltung viel breiter und aspektreicher vorgestellt; die Zukunftsbilder werden detaillierter entfaltet und es wird unter Zuhilfenahme dieser differenzierten Vorstellungen deutlich, daß ein Großteil der Erfüllung noch aussteht.

Ich denke, daß im Endeffekt dieser Ansatz dazu führen könnte, daß sich die Christen nicht als Repräsentanten des Absoluten darstellen, die nun alles auf sich gezogen haben, was es an Erwartungen gab, sondern, daß sie sich klar darüber sind, daß sie diese Erwartungshaltung weiterhin teilen. Wir verstehen auf diese Weise, wie eng Christen an die Juden geknüpft sind, daß man gar nicht Christ sein kann, ohne mit den Juden ins Gespräch zu kommen und daß die Aufnahme der jüdischen Erwartung ein substantieller Bestandteil dessen ist, was Christen erwarten. Mit Jesus ist eben nicht alles zu Ende gekommen, sondern, wenn wir ihn richtig verstehen, ist seine Offenheit so groß, daß er Erwartungen aussprechen läßt, die sicher nicht in der neutestamentlichen Urgemeinde voll realisiert sind. Dafür ist einfach der Schatz der alttestamentlichen Erwartungen zu groß. Damit ist die neutestamentliche Urgemeinde überfordert, könnte man geradezu sagen, nämlich all das aufzunehmen oder weiterzutragen, was die verzweigten frühjüdischen Messiashoffnungen zum Ausdruck bringen.

3. Messianische Gemeinden

Es steht nun an, die Gemeinde zu charakterisieren, die sich als messianische Gemeinde verstehen will, ohne daß in diese Profilierung schon das einfließen soll, was in den Konturen der neutestamentlichen Gemeinden Gestalt gewonnen hat. Es geht um den Ort der vom Alten Testament und vom Frühjudentum getragenen Messianergruppen, die sich die Vorstellung von einer charismatischen Rettergestalt wie Jesus zu eigen machen konnten, ohne damit aus dem gemeinsamen Vaterhaus auszuziehen. Es geht also um das Selbstverständnis und auch um die Vergegenwärtigung christlicher Existenz unter dem Dach des Judentums, d. h. also nicht bereits um ein Judenchristentum oder gar um die Ausgrenzung des Heidenchristentums, sondern um das Gewicht der schöpferischen Fortschreibung des Messiasgedankens in der Jesusbewegung.

Gemeint ist die christliche Gemeinde, die nicht unbedingt in ihren Frühphasen alldem entspricht, was das Alte Testament als Optimum einer Gemeinde des Messias ansieht, deren Weg weiterführt, deren Hoffnung sich darauf richtet, daß sich in ihr auch die Endgültigkeit dessen ereignet, was im Alten Testament von der utopischen Gemeinde der Zukunft in Verbindung mit dem Messias gesagt wird. Die Hoffnungen werden nicht alle in der christlichen Urgemeinde eingelöst. Es bleibt das Potential der Erwartung, daß der Wiederkommende, der sich in der Parusie offenbarende Messias dieses endgültige Reich des Friedens und der Gerechtigkeit bringen wird.

Diese im Christentum bleibende, grundlegende Spannung darf nicht aufgehoben werden. Jeder Versuch, mit Jesus nicht nur ein neues Reich angebrochen sehen zu wollen, sondern auch die Endgültigkeit als solche festgeschrieben zu sehen, gerät in die Gefahr, diese Spannung im Blick auf die Endzeit aus dem Gesicht zu verlieren.

Es gehört also auch zu unserer christlichen Existenz, daß wir mit dem Jesusbild als einer Tür, wie sie im Johannesevangelium erscheint, ernst machen. Er ist die Tür, aber die Tür in ein Haus, das erst noch bezogen werden muß, nämlich das Haus, in dem Gerechtigkeit, Friede und Liebe in optimaler Weise geschehen.

Kritik und Utopie waren die beiden Stichwörter, die uns die Wege des Messianismus aufgeschlossen haben. Kritik in dem Sinne, daß man das Ungenügen menschlicher Machtstellung bedachte und Utopie in dem Sinn, daß man gegenüber dem konkret erfahrenen Herrscherbild einen Gegenentwurf formulierte, wobei solche utopischen Entwürfe in erster Linie in den Programmen der exilischen und nachexilischen Zeit zu finden sind.

4. Politische Hoffnungsträger

Lassen wir uns noch einmal auf das Vorfeld des Messiasbildes in der vorexilischen Zeit ein. Ich möchte gern in den Mittelpunkt der folgenden Betrachtungen eine Charakteristik stellen, die beschreibt, wie es sich mit diesem alternativen Herrscherbild verhält, wenn dem geschichtlichen Ereignis eines irdischen Königtums der Entwurf eines idealen Machthabers entgegengehalten wird.

Hiskija

Da gab es politische Hoffnungsträger wie den König Hiskija im 8. Jahrhundert oder wie König Joschija im 7. Jahrhundert. Diese beiden Könige sollten gewissermaßen einen »neuen David« vergegenwärtigen. Denn je mehr sich das Königtum in einer negativen Weise profilierte, um so intensiver erhoffte man einen »neuen David«, einen »Sohn« Davids, der all die Erwartungen erfüllen sollte, die sich mit einem idealen König verbinden, der es auch schaffen würde, eine politisch-religiöse Neuorientierung einzuleiten. Darauf legte man ganz bewußt Gewicht; Israel sollte auch im internationalen Verhältnis wieder einen Standort bekommen, es sollte nicht überfordert und überfremdet werden von den Nachbarn, sondern sollte im Selbstand seinen Platz unter den Völkern haben. Man hat sich angesichts des Regierungsantritts eines Königs Hiskija gewiß gewünscht, daß dieser König vielleicht doch Juda/ Jerusalem und dem Nordreich Israel, letzteres vor allem nach dem Untergang Samariens (722 v. Chr.), die ersehnte Wiedervereinigung und den internationalen Respekt bringen würde. Mit dem König Hiskija verbinden sich zentrale Äußerungen des Alten Testaments. Ich denke vor allem an den sogenannten »Fluchspruch über die Schlange« in Gen 3,15 und an die sogenannte »Immanuelweissagung« in Jes 7,14. Beide Stellen sind nach meiner Überzeugung am ehesten auf den König Hiskija zu beziehen.

In Gen 3,15 wird uns vor Augen geführt, daß die Schlange als angebliche Verursacherin des Unglücks zu Anfang der Menschheitsgeschichte eine Verheißung erhält, eine negative Verheißung natürlich.

Es heißt dort nach der Einheitsübersetzung: »Feindschaft setze ich zwischen dich und die Frau, zwischen deinen Nachwuchs und ihren Nachwuchs. Er trifft dich am Kopf, und du triffst ihn an der Ferse«.

Die Übersetzung wählt hier zweimal das Verbum »treffen« für das zugrundeliegende hebräische Verbum *schup,* dessen Bedeutung noch immer zur Diskussion steht, weil es sonst im Alten Testament ganz selten vorkommt. Unter Zuhilfenahme außerbiblischer Nachweise der Wurzel kann man es am ehesten mit »packen« oder »treffen« wiedergeben.

Nach allem, was wir über die Semantik dieses Ausdrucks erfassen können, sieht es also so aus, daß es nicht etwa um ein Zertreten mit den Füßen geht, sondern um einen grundsätzlichen Angriff, der lediglich in Bilder gefaßt ist. Das sollte man auch in beiden Fällen in dieser Weissagung ansetzen, die man gelegentlich auch als Protoevangelium bezeichnet, weil in ihr angeblich auf den kommenden Messias verwiesen sei. Er solle es sein, der der Schlange als dem Inbegriff des Bösen den Garaus macht. So ist es eine im christlichen Abendland so gut wie ungestörte Auslegungstradition gewesen: durch den Messias, d. h. nach christlicher Deutung Jesus, erhält der Böse, d. h. der teuflische Widersacher Gottes seinen Todesstoß. Eine besondere Nuance bekommt diese Interpretation dadurch, daß man das Subjekt, mit dem man korrekterweise den männlichen Nachwuchs zu verbinden hat, auf die kommende Mutter des Messias deutete und so in Maria die neue Eva zu erblicken glaubte. Wir müssen aber zu dem ursprünglichen Sinn des hebräischen Textes zurückkehren, der nun eindeutig von einem ambivalenten Schicksal des männlichen Nachkommen Adams spricht: er handelt an der Schlange und sie handelt an ihm.

Nun zeigt sich, daß wir nur eine einzige Episode aus dem Alten Testament übermittelt bekommen, die den ersten Teil dieser Ankündigung in die Tat umzusetzen scheint. Das ist die berühmte und immer wieder zitierte Stelle von der Zerstörung eines Schlangenbildnisses durch den König Hiskija, der nach 2 Kön 18,4 den sogenannten »Nehuschtan« in der Nachbarschaft des Jerusalemer Tempels zerstört haben soll. Es wird dort unter den allerdings nicht sehr entwickelten Reformtaten des Hiskija berichtet, daß er den Nehuschtan zerschlagen hätte. Wie haben wir uns diesen Nehuschtan, dieses Schlangenbildnis vorzustellen?

Wahrscheinlich als eine aufgerichtete Kobraschlange aus Bronze, die möglicherweise auf einer Standarte stand und entsprechend hoch gestellt war, so daß sie für die Bevölkerung als ein besonders gut sichtbares und attraktives Symbol aufgefaßt werden konnte. Die Schlange galt ja in Israel als ein sogenanntes apotropäisches Wirkzeichen, das sowohl schützend wie auch abwehrend gedacht wurde, so wie dies im Umfeld Israels ohnehin der Fall war.

Dieses Symbol hat offenbar in Israel Anklang gefunden und zeigt zugleich einen erheblichen Einfluß der Nachbarkultur Ägyptens in Jerusalem. Um diesen zurückzudrängen, hat König Hiskija allem Anschein nach dieses Importsymbol aus Ägypten, so möchte ich es einmal nennen, in Gestalt der aufgerichteten Kobraschlange entfernt. Vielleicht geschah dies sogar unter unmittelbarem oder mittelbarem Einfluß des Propheten Jesaja, dessen Animosität gegen irgendwelche Koalition mit Ägypten zur Genüge bekannt ist.

Auf diese Reformtat, welches historische Ausmaß sie auch immer gehabt haben mag, bezieht sich wahrscheinlich auch die Formulierung im Protoevangelium Gen 3,15, nach der der Schlange der Kopf zerschlagen wird. Es versteht sich von selbst, daß in diesem Zusammenhang in keinem Fall von einem »Zertreten« die Rede sein kann. Wie soll jemand, Frau oder Mann, einer aufgerichteten Kobraschlange den Kopf zertreten? Das ist nicht vorstellbar, es sei denn, man denkt an einen akrobatischen Akt.

Auf der anderen Seite steht der Nachkomme Adams als ein Gefährdeter da, der von der Schlange an der Ferse gepackt wird – wiederum ein Bild, das wohl nur so zu verstehen ist, daß Hiskija in seiner bleibenden Abhängigkeit von der Nachbarmacht Ägypten gezeichnet wird. Denn die Ägypter, die insgesamt unter dem Symbol der Schlange gefaßt werden können (vgl. Jes 14,29), haben immer wieder versucht, Hiskija auf ihre Seite zu ziehen, um ihn als Bollwerk gegen die Macht des Ostens, nämlich die Assyrer, aufzubauen. Schließlich und endlich hat Hiskija auch diesem Drängen nachgegeben, was ihn dann in die totale Isolation geführt hat, wie wir aus der Belagerung der Stadt Jerusalem im Jahre 701 wissen.

Wir sehen, daß dieser Fluchspruch über die Schlange ein kontrastives Bild des Königs Hiskija liefert, der auf der einen Seite als ein Reformer erscheint, weil er einen Fremdkult zurückdrängt, auf der anderen Seite aber immer noch im Sog der Verführungskünste Ägyptens stehen geblieben ist. Das ist ein Kennzeichen seiner Regierungszeit, erweist ihn aber auch in den Augen des Verfassers von Gen 3,15 als Prototypen eines Verheißungsträgers, der Hoffnungen erfüllt und zugleich nicht erfüllt. So weist Hiskija über sich hinaus.

Die zweite Bibelstelle, die uns dieses Bild noch weiter erläutert, ist Jes 7,14.

Dort erfahren wir von einer jungen Frau, die einen Sohn gebären wird, dessen Name Immanuel sein soll. Von diesem Immanuel heißt es, daß er in seiner Kindheit bereits, bevor er lernt, Gutes und Böses zu unterscheiden, erfahren wird, daß das ganze Land destruiert, verlassen ist.

Es ist immer wieder als besonders bedrückend empfunden worden, daß dieser Kontext so wenig optimistisch oder euphorisch ist und so gar nicht messianistisch. Nur mit dem Namen Immanuel verbinden sich positive Vorstellungen, denn Immanuel bedeutet: »Mit uns ist (oder sei) Gott«.

Nur der Name ist ein positives Programm, aber die ganze Umgebung dieses Textes spricht davon, daß alles verlassen sein wird, daß keine positive Zukunft zu erkennen ist, wenn dieser Immanuel in Amt und Würden sein wird, eine Spannung – so ähnlich wie in dem Fluchspruch über die Schlange. Es wird etwas Positives über diese Figur gesagt, daß sie das Programm »Gott ist mit uns« namentlich zum Ausdruck bringt, auf der anderen Seite aber über ein Land herrschen wird, das in äußerster Bedrängnis ist.

Diese Spannung entspricht einer Situation, wie wir sie auch unter Hiskija erleben. Denn Hiskija bedeutet seinem Namen nach etwas ähnliches wie Immanuel, und seine Zeitgenossen erwarteten von seiner Regierungsherrschaft tatsächlich den Neubeginn einer Zeit, in der die Souveränität des erwählten Israel zur Darstellung kommen sollte. Sie erwarteten auch von seinen Reformversuchen einen Durchbruch zu einer intensiveren Orientierung an dem »Bezugsgott« Jahwe. So konnte man in Hiskija zunächst einen politischen und religiösen Hoffnungsträger sehen. Auf der anderen Seite hat man unter Hiskija feststellen müssen, daß das Land Juda und vor allem Jerusalem durch die Politik des Königs immer weiter in die Isolation geriet. Auch hier: ein Spiegelbild doppelbödiger Existenz. Hiskija ist seinem Programm nach eine Art Heilsbringer, aber sein politisches Vermögen reicht doch nicht hin, die zweifellos hochgestellten Erwartungen zu erfüllen. Seine Herrschaft ist im Grunde auf dünnen Pfeilern errichtet.

Joschija

Diese zwiespältige Erscheinung eines Hoffnungsträgers wiederholt sich dann unter Joschija, den man noch stärker apostrophiert hat und von dem man noch mehr hoffte, daß er der kommende Heilsbringer sei. An ihn knüpften sich Erwartungen, wie wir sie möglicherweise in Jes 9 ausgedrückt finden. Es gibt nicht wenige Exegeten, die beziehen gerade diese berühmte, uns so bekannte Stelle:»Denn uns ist ein Kind geboren, ein Sohn ist uns geschenkt. Die Herrschaft liegt auf seiner Schulter, man nennt ihn Wunderbarer Ratgeber, Starker Gott, Vater in Ewigkeit, Fürst des Friedens« (Jes 9,5) auf Joschija, den König des Südreiches, mit dem wir tatsächlich einen viel stärkeren religiösen Reformgeist verbinden dürfen, als er unter Hiskija nachweisbar ist. Joschija ist der Förderer und Gönner der deuteronomischen Reformbewegung in Juda/Jerusalem mit dem Anspruch, das alte Reich Davids wieder unter diesem neuen Geist der Verbindung unter Jahwe zusammenzuschließen. Die ausgreifenden Versuche Joschijas in das Nordreich sind bekannt und sollten diesem erneuernden Prozeß dienen.

Joschija war mit Sicherheit viel stärker als Hiskija als Hoffnungsträger gedacht. Man verband mit ihm die Erwartung einer konkreten Umgestaltung, nicht nur einer geistig ideellen Erneuerung. Das Land sollte wirklich hier und jetzt ein Friedensreich werden und zwar nach der Analogie, nach dem Vorstellungsbild, wie es in Erinnerung war aus der Zeit der Anfänge des Königtums, vor allem aber aus der Zeit Davids.

Die Erwartungen der vorexilischen Zeit haben sich bekanntlich nicht erfüllen lassen. Schon der gewaltsame Tod Joschijas bei

Megiddo (609 v. Chr.) ließ alle Hoffnungen auf bleibende Erneuerung des alten Staatswesens zunichte werden. Dennoch ist auch mit Joschija ein unvollendeter Reformer ins Blickfeld getreten, der den Anspruch erheben darf, als Protagonist einer anderen Herrschaftskonzeption zu gelten. Es kommt nicht von ungefähr, daß gerade die Könige David und Joschija in der Perspektive deuteronomistischer Kritik an der Vergangenheit eine Ausnahmeposition einnehmen. Auch Joschija weist so über sich hinaus, indem er die Wege anzeigt, auf denen sich die Idealisierung eines Herrscherbildes erfüllt.

Die eigentliche Enttäuschung, der große Einbruch aber kam mit dem Exil. Die Wegführung Judas und seines Königtums in die babylonische Gefangenschaft ließ das Königtum als tragende Institution von Friedens- und Heilserwartungen vollends ausscheiden, so daß eine völlig neue Grundlage einer Hoffnungsträgerschaft gesucht werden mußte.

Nach dem Exil sind dann neben den kritischen Stimmen zur Vergangenheitsbewältigung vor allem diejenigen zu Wort gekommen, die mehr den utopischen Gedanken an eine völlig andere Art von Herrschaft ausgebaut haben. Der künftige Hoffnungsträger muß vollkommen anderer Natur sein, als der erlebte und erlittene Potentat, genauer gesagt: zur königlichen Würde müssen Qualitäten hinzutreten, die mit viel größerer Eindeutigkeit die Bindung des idealen Menschen an seinen Gott kennzeichnen.

Ich möchte gern die utopischen Ideen noch etwas charakterisieren, weil sie nämlich zweierlei miteinander verbinden. Da ist nicht nur der Hoffnungsträger wichtig und bedeutsam in seiner Persönlichkeit, mit seiner Funktion der Initialzündung zur Änderung der Gesellschaft, sondern es ist auch diese neue Gesellschaft wichtig, wie sie durch den Hoffnungsträger eröffnet wird; es ist bedeutsam, wie diese neue Gemeinde aussehen soll, wie sich das neue Israel künftig darstellt.

5. »Ich gebäre dich heute«

Wir entdecken diese Vorstellungen schon in den Texten, die teilweise aus vorexilischer Zeit stammen und dann erweitert worden sind, wie z. B die Verbindung von Psalm 1 und Psalm 2. Die beiden Psalmen am Anfang des Psalterbuches sind zu einer Einheit zusammengewachsen. Innerhalb von Psalm 2 sind ältere Stücke aus der sogenannten Krönungsliturgie verarbeitet. Diese Krönungsliturgie feiert den König noch in althergebrachter Weise als den, der Hoffnungsträger ist und der bei der Thronbesteigung eine Friedenszeit einleitet. Die notwendige Voraussetzung für diese Friedenszeit besteht aber zunächst darin, daß der Hoffnungsträger alle seine Gegner bezwingt.

Die Ankündigung dieser neuen Periode geschieht nach der Einheitsübersetzung von Ps 2,7 so :»Mein Sohn bist du. Heute habe ich dich gezeugt«.

Ich möchte diese Übersetzung etwas variieren, denn sie impliziert ein tiefgreifendes Mißverständnis der Aktivität Gottes. Die wörtliche Wiedergabe müßte lauten:»Ich, heute gebäre ich dich« ('ani hayyom y·lidtika).

Diese Wendung zeigt ein Gottesbild an, das nicht patriarchalisch strukturiert ist, sondern von der Idee einer Übergeschlechtlichkeit Gottes getragen ist, wie wir es am ehesten aus den Nachbarkulturen kennen. Die Hochgötter der Ägypter konnten ohne weiteres in übergeschlechtlicher Weise vorgestellt werden. Die Formulierung in Psalm 2,7»Mein Sohn bist du, heute gebäre ich dich«, stammt nahezu wörtlich aus den königsideologischen Phrasen und Formulierungen, wie wir sie aus Ägypten überliefert bekommen haben. Jeder, der den berühmten Tempel von Abydos in Oberägypten besucht, wird auf eine ganze Reihe solcher Formulierungen zur Verherrlichung des königlichen Gottes-Sohnes stoßen, die in engster Nachbarschaft zu unserem Text stehen.

Wir müssen diese Formulierung als ein Erbstück aus der älteren Geschichte des Psalms verstehen. Die jetzige Gestalt ist bereits eine

Tafel 5

entwickelte, fortgeschrittene; vor allem in Verbindung mit dem Psalm 1 gewinnt die Idee des Gottessohnes, der die Gegner überwindet und dadurch Frieden schafft, eine weitere Dimension. Der Psalm 1 läßt den König gar nicht mehr in seiner irdischen Machtfülle erscheinen, sondern stellt den Menschen in den Mittelpunkt, der weise ist, der über die Tora, die Weisung Gottes nachdenkt, Tag und Nacht, unentwegt darüber reflektiert, der seinen ganzen Alltag erfüllt sein läßt vom Nachdenken über diese Weisung.

Dieser Mensch, der an der Quelle sitzt (Taf. 5) und unter dem Schatten des lebensspendenden Baumes gewissermaßen die Vitalität trinkt, dieser Mensch weist über die herrscherliche Qualität des Königs hinaus. Er ist ein Mensch, der alles andere als bloße Macht ausübt oder politische Wirksamkeit ausstrahlt, er verändert vielmehr die Gesellschaft von innen her durch seine Weisheit in der Unterwerfung unter Jahwe.

Diese beiden Psalmen wollen zusammengesehen werden. Sie zeigen ein komplexes, ja geradezu konträres Messiasbild, so daß der »Gesalbte« auf der einen Seite der mächtige, wirksame und politisch potente Herrscher ist (Ps 2), auf der anderen Seite ist er aber der ideale Mensch, der Weise schlechthin, der nicht im Kreis der Spötter sitzt, der sich Gerechtigkeit zu eigen macht. Er ist weitaus mehr als ein weiser König, hier wird ein Zusammenspiel von Eigenschaften vorgestellt, die so nie realisiert worden sind, im Grunde Gegenstand eines utopischen Denkens sind.

Die Gesellschaftsordnung, die durch diesen Messias bestimmt wird, ist also nicht ausschließlich von einer politischen Dominanz, von einem politischen Interesse beherrscht, sondern in dieser neuen Gesellschaft kommt etwas von der Lebendigkeit Gottes zum Durchbruch, kommt etwas von dem Drang nach Gerechtigkeit, Friedensstiftung und Versöhnung zum Ausdruck, wie dies der 1. Psalm vorbereitend ausführt.

Ich glaube, man sollte diese beiden Aspekte miteinander verbunden sein lassen und nichts heraustrennen. Der politische Aspekt, auch der politische Aspekt der Mächtigkeit ist nicht zu lösen von dem Aspekt des Weisen, Friedfertigen, Versöhnenden und Gerechten. Beides soll in dieser idealen Gesellschaft Platz finden, sie soll nicht nur im guten Willen existieren oder bei denen gesucht werden, die keinerlei Macht haben, sondern es sollen auch die Mächtigen unmittelbar in diese Bereitschaft zur Gerechtigkeit einbezogen werden.

Der Psalm 2 wird ganz bewußt in diese Beziehung hineingezogen. Es geht nicht um politische Macht per se, aber auch nicht ohne sie; es bleibt dabei, daß die neue Gesellschaft von Grund auf reformiert werden muß und unter das Gesetz, unter die Weisung Jahwes gestellt werden soll. Sie soll aber nicht eine versteckte, eine »kleine Herde« sein, sondern sie soll wirklich umfassend sein und die gesamte Menschheit ergreifen.

Es ist ein universaler Anspruch darin, und jedermann wird sehen, daß gerade diese Erwartung des Allumfassenden, der kosmischen Neuschöpfung etwas ist, was noch aussteht. Das Neue Testament hat mit der Repräsentation des Jesus von Nazaret und seiner Botschaft eben dem Charakter des Psalm 1 entsprochen, daß dieses Reich ein Reich der Liebe, der Gerechtigkeit und der Wahrheit sein soll. Diese noch immer in ihrer Erfüllung ausstehende Wirklichkeit wird im Zusammenspiel von Ps 1 und 2 überdeutlich fixiert und durch die Einbindung von Kosmos und Geschichte in die »Tora« d. h. die »Weisung Gottes« programmatisch beschrieben.

6. Friedensutopien

Dies ist das Idealbild, das gewiß in dem paradigmatischen Christsein Jesu entfaltet wird. Aber es fehlt noch die andere Dimension des politischen Durchbruchs rundum. Das Reich Gottes ist noch nicht greifbar und für alle handgreiflich transparent geworden. Das steht noch aus und wir Christen können gar nicht umhin, gerade diese Öffnung zu betonen, daß die Welt noch einer grundlegenden Reform bedarf.

Niemand kann sich in der Gegenwart diesem Bedürfnis und dieser Erwartung entziehen, sie drängt sich ja gerade zum Ende des 2. und zum Anfang des 3. Jahrtausends auf und regt uns an in der Erwartung, daß diese Menschheit doch von Grund auf ein anderes Gesicht bekommen möchte und nicht ständig in barbarische Praktiken zurückfällt und sich selbst zerstört. Diese grundlegende Hoffnung, die viele in diesen Tagen haben, aber auch eine Resignation, die sich weithin breitmacht, kann vielleicht umgemünzt werden, wenn man sich klar macht, daß die Tür geöffnet ist zur Reform dieser Welt, aber daß es tatsächlich noch eines unglaublichen Durchbruchs und Durchstoßens Gottes durch diese Welt bedarf, daß sie eine andere wird.

Ich denke, daß der Messianismus – auch der der Christen – keine zu unterschätzende Qualität hat, es reicht nicht hin, sich in einer Engführung von Parusieerwartung aufzuhalten. Es geht auch nicht an, zu sagen, in Jesus sei schon alles da, also in einer Art Erfüllungsfetischismus zu verbleiben.

Das Neue Testament drückt diese Erwartung immerhin dadurch aus, daß es den Menschensohn auf den Wolken des Himmels kommen sieht, bzw. in apokalyptischen Wendungen von der Wiederkunft spricht. Das sollten wir nicht unterschätzen und auch nicht aus unserem Horizont vertreiben, daß dieser Gott mit seiner verändernden Qualität ein Kommender, ein noch Erwarteter ist. Diese Gedanken sind ein Erbstück aus dem Alten Testament, ein bleibendes Erbstück!

Umkehrung aller Dinge

Eine weitere Bibelstelle, die ich hier zu bedenken gebe, ist das Kapitel Jes 11 mit der berühmten Charakteristik des geisterfüllten Friedensbringers (V 1-5) und der anschließenden Perikope zum sogenannten Tierfrieden (V 6-8).

»Doch aus dem Baumstumpf Isais wächst ein Reis hervor, ein junger Trieb aus seinen Wurzeln bringt Frucht.

Der Geist des Herrn läßt sich nieder auf ihm: der Geist der Weisheit und Einsicht, der Geist des Rates und der Stärke, der Geist der Erkenntnis und der Gottesfurcht.

Er richtet nicht nach dem Augenschein, und nicht nur nach dem Hörensagen entscheidet er,

sondern er richtet die Hilflosen gerecht und entscheidet für die Armen des Landes, wie es recht ist.

Er schlägt den Gewalttätigen mit dem Stock seines Wortes und tötet den Schuldigen mit dem Hauch seines Mundes.

Gerechtigkeit ist der Gürtel um seine Hüften, Treue der Gürtel um seinen Leib.«

Der Text Jes 11,1-5 ist zweifellos nachexilisch, nur noch selten wird auf eine vorexilische Herkunft verwiesen. Man setzt den Text in eine jüdische Entstehungszeit, in der man bereits den Gesalbten und sein Reich als den Träger eines Gottesgeistes und dessen Wirksamkeit verstanden hat.

Der Gesalbte, der nicht mehr, bzw. gar nicht König ist – er heißt ja auch ausdrücklich nicht so –, ist jemand aus der Wurzel Jesse, d. h. des Isai, des Vaters Davids. Das bedeutet, daß er eben nicht ein König ist wie David. Wer nämlich aus der Wurzel Jesse stammt, kommt ja aus einem nichtköniglichen Bereich.

Hier wird etwas ins Spiel gebracht, was gar nichts mehr mit dem Königtum zu tun hat. Der Hoffnungsträger ist zwar noch irgendwie Sohn Davids, aber der Aspekt des Königseins tritt zugunsten der Beschwörung einer Herkunft, einer Wurzelsituation zurück, die sich im Vorfeld der Erfahrungen mit dem Königtum befindet. Der Idealherrscher hat mit den geschichtlich erlebten Schattenseiten des Königtums nichts mehr gemein.

Die Vorstellung, daß der »Geistträger« ein ganz anderer ist und daß sein Friedensreich gar nicht mit den Maßstäben politischer Machtansprüche gemessen werden kann, zieht sich nun von Jesaja 11 durch bis in die frühjüdische, bis in die Zeit Jesu hinein. Bedenken wir insbesondere die überlieferungsgeschichtliche und vorstellungsbildende Kraft von Jesaja 11 in dem Punkt, daß der geistbegabte Mensch aus der Wurzel Jesse für ein Friedensreich Sorge trägt, in dem die Verhältnisse geradezu auf den Kopf gestellt werden.

Wir sollten uns immer wieder solche unglaublichen Texte vor Augen führen, wie sie besonders in diesem Zusammenhang stehen. »Dann wohnt der Wolf beim Lamm, der Panther liegt beim Böcklein.

Kalb und Löwe weiden zusammen, ein kleiner Knabe kann sie hüten.

Kuh und Bärin freunden sich an, Ihre Jungen liegen beieinander. Der Löwe frißt Stroh wie das Rind.

Der Säugling spielt vor dem Schlupfloch der Natter, das Kind streckt seine Hand in die Höhle der Schlange.« (Jes 11,6–8)

Das sind jeweils im poetischen Parallelismus gehaltene Bildaussagen, in denen mit den Bildvorstellungen von Tieren umgegangen wird, von Tieren, die teilweise sonst eher das Chaotische und das Durcheinander in der Naturerfahrung symbolisieren, jetzt aber neben den Tieren stehen, die den friedlichen Charakter der Schöpfung demonstrieren. Mitten hinein ist das Kind, der Mensch gesetzt, der am Schlupfloch der Natter spielt. Hier wird ein fast unglaubliches Nebeneinander und Ineinander in einer Gesellschaftsordnung skizziert, in der es dem Augenschein nach harmonisch zugeht, die aber besser so charakterisiert werden sollte, daß über alle Harmonie hinaus das Gegensätzliche aufgebrochen wird und eine Sinnhaftigkeit entsteht, die völlig anders ist als das, was wir gegenwärtig meist als friedlich und ausgeglichen empfinden. Eine Art »Koinzidenz der Gegensätze«!

Es sind im Grunde Vorstellungen, die kein Analogon in der erfahrbaren Gesellschaft haben. Darum reicht auch der Begriff Eintracht nicht aus, weil es nicht um einen Ausgleich von gegensätzlichen Interessen geht, sondern um das schier Unmögliche, das durch diese utopische Erwartung zum Ausdruck kommt. Das scheinbar Unmögliche schafft nur der kommende Heilsbringer, der Messias, der nicht ein König im üblichen Sinn ist, sondern geradezu der Garant für das Undenkbare, indem er alle Vorstellungen von einer alternativen Gesellschaft über den Haufen wirft.

Gemeint ist nicht nur eine nach landläufigen Begriffen und Mustern geordnete Gesellschaft, wo es gerecht, sozial gerecht, zugeht, sondern es wird alles pervertiert, was Menschen sich erträumen können, es geschieht ein Miteinander und Ineinander von Chaos und Friedenswelt – eine unglaubliche Vorstellung!

Die nicht für ein imaginäres Jenseits, sondern für ein baldiges Diesseits erhoffte Umwälzung der Erfahrungswelt läßt auf eine Art Koexistenz der einstigen Wirkmächte des Chaos (dargestellt in den gefährlichen Tieren) mit den Repräsentanten der ehedem bedrohten Welt (dargestellt in den friedlichen Lebewesen einschließlich des Kindes) gespannt sein. In der radikalen Konsequenz dieser Orientierung um des Lebens aller willen liegt letzten Endes das Gebot der Feindesliebe (Mt 5,43–45), dem nicht umsonst eine kosmologische Begründung beigefügt ist: »denn er läßt seine Sonne aufgehen über Bösen und Guten, und er läßt regnen über Gerechte und Ungerechte« (V. 45). Der Appell zur Verwirklichung von »Recht und Gerechtigkeit« im Alten Testament gründet in der Devise, die lebenserhaltende Ordnung in der Gesellschaft und damit auch im Kosmos zu stützen und zu fördern. Auch das vielzitierte und ebenso oft mißverstandene Wort »Auge um Auge, Zahn um Zahn (Ex 21,24), die sogenannte Talionsformel, muß zunächst im Sinne des Postulats verstanden werden, die Welt des Zusammenlebens dem Zugriff der zerstörerischen Gewalt des Chaos zu entreißen, wo sich jeder nach seinem Gutdünken sein angebliches Recht verschafft. Die Erstellung des Gleichgewichtes in der Schöpfung fordert den ständigen Kampf gegen die Mächte und Gewalten der Finsternis, ist so aber erst im eigentlichen Sinne human, weil gerade auch der Mensch, der von feindlichen Interessen beherrscht ist, in seiner geschöpflichen Würde und Berufung zum Sachwalter des Lebens ernstgenommen wird. Das ist die Basis, die den Feind in das gemeinsame Bemühen um eine gerechte Weltordnung einbindet und so auch in letzter Zuspitzung zum Adressaten liebevoller Zuwendung werden läßt. Die alttestamentliche Ethik kann bereits in dieser außerordentlichen Weise auf jeden Menschen zugehen, so daß sich schon hier ansatzweise ausdrückt, was sich auch in der Umsetzung des jesuanischen Gebots der »Feindesliebe« noch nicht vollendet darstellt, die letzte Verwirklichung des Reiches Gottes auf Erden.

Die Idee von Jes 11 wird im 9. Kapitel des nachexilischen Propheten Sacharja noch ein wenig weiter entwickelt. Die künftige Generation, die ganz anders sein wird als jede erträumte, gerechte Welt, in der der Mensch auch in seinen Anfängen in völliger Ungefährdetheit sogar mit dem zusammengehen kann, der scheinbar sein größter Gegner ist, wo Frieden in einer geradezu provozierenden Weise realisiert wird.

Das Reich der Armen

Diese Situation charakterisiert der Prophet Sacharja mit anderen Worten in Kap. 9, wo von der neuen Erde die Rede ist und von der Rolle des Messias darin, die nicht ohne die Wiederherstellung, oder besser gesagt, ohne eine Neuorientierung Israels vonstatten geht.

»Juble laut, Tochter Zion! Jauchze, Tochter Jerusalem! Siehe, dein König kommt zu dir. Er ist gerecht und hilft; er ist demütig und reitet auf einem Esel, auf einem Fohlen, dem Jungen einer Eselin. Ich vernichte die Streitwagen aus Efraim und die Rosse aus Jerusalem, vernichtet wird der Kriegsbogen. Er verkündet für die Völker den Frieden; seine Herrschaft reicht von Meer zu Meer und vom Eufrat bis an die Enden der Erde« (Sach 9.9 f).

Ein Text, der natürlich in unseren liturgischen Lesungen seinen Platz hat, aber eigentlich aus der Isolierung innerhalb eines Kirchenjahres herausgeholt und in seiner Substanz stärker betont werden müßte, weil er wirklich ein kritisches Programm, in erster Linie eine Utopie impliziert.

Der Versöhnungswille Gottes bezwingt die Wirkmächte des Chaos, indem er seinen Erwählten den Weg der totalen Erniedrigung gehen läßt. Dieser »König« hat nichts mehr gemein mit dem klassischen Königtum, er ist ein demütiger Hoffnungsträger, aber er ist auch nicht absolut ohn-mächtig. Man sollte diesem Friedensbringer nicht unterstellen, daß er keinerlei Machtpotential zur Veränderung hätte. Das bleibt in der israelitisch-jüdischen Tradition immer erhalten, daß der Hoffnungsträger sich durchsetzen wird, wie auch immer. Er muß von Gott mit Macht ausgestattet sein, wenn er auch äußerlich mit der Niedrigkeit verbunden ist. Er zielt hinein in die Gemeinde der Demütigen, das sind im Alten und im Neuen Testament die sogenannten »Armen« (hebr. *ᶜAnawim*), die dann in Mt 21 zu der Begleitung des einziehenden Jesus in Jerusalem gehören. Er ist umgeben von den Armen, so könnte man interpretierend sagen. Der Mächtige teilt sich in seiner Person den Ohnmächtigen mit. Schon das Programm der deuteronomischen Reform soll ja die Armen in die neue Gemeinde vor Gott integrieren, wie auch in der Psalmenredaktion eine Option für die Armen zu spüren ist.

Die alttestamentliche Perspektive bleibt gültig, daß der Messias in seiner Ambivalenz einer ist, der auf der Seite der Verlorenen, Zurückgestellten, Besitzlosen, der »Armen im Geiste« ist, der aber gerade dadurch Macht hat, daß er über eine von Gott verliehene Autorität gegen alle Macht der Welt verfügt.

Wie diese Macht des näheren zu beschreiben ist, wie die Utopie des kommenden Gottesreiches aussehen könnte, wie sie Juden und Christen gemeinsam formulieren können, das sollten wir noch näher betrachten.

7. Erfüllung im Ausstand

Das Gottesreich, in dem Juden und Christen ihre tiefsten Erwartungen wiederfinden, ist bereits im Alten Testament formuliert. Das Alte Testament beschreibt Perspektiven für die Gestaltung des Reiches Gottes auf Erden, in dem Christen heimisch werden könnten, ohne daß sie ein Besitzrecht beanspruchen dürfen, das nur ihnen allein zukäme.

Wir haben versucht, die Spannung zu charakterisieren, die sich ergibt, wenn wir die Erwartungen alttestamentlicher Texte auf der einen Seite dem gegenüberstellen, was wir an Erfüllungstexten im Neuen Testament, bzw. im Raum des Christentums finden. Es bleibt ein Überschuß, den das Alte Testament formuliert und den das Christentum nicht einholt. Genauer gesagt, Christen und Juden stehen vor diesem Anspruch der Erfüllung, den die Christen in erster Linie mit der Parusie und der Wiederkunft des Menschensohnes verbinden.

Kyrus – Der Gesalbte aus dem Osten

Um die Gedanken noch etwas weiterzuführen, möchte ich einen schon angesprochenen Aspekt aus der Literatur des Buches Jesaja, genauer, aus den späteren Texten des Propheten Deuterojesaja in Erinnerung rufen.

Im Kapitel 45 entdeckten wir einen »Gesalbten« Jahwes, der aber nun ganz und gar kein Israelit oder Jude ist, sondern aus einem ganz anderen Bereich kommt. Es handelt sich um den Perserkönig Kyrus. Viel zu wenig beachtet wird, daß dieser Perserkönig Kyrus mit dem Titel »Gesalbter Jahwes« bedacht wird, weil Jahwe ihn sozusagen als Werkzeug benutzt hat, um Israel aus dem Exil nach Palästina zurückzuführen. Denn Israel verdankt ja, politisch gesehen, die Rückführung dem Aufkommen des Persertums. Insofern ist Kyrus ein völlig landfremder, nichtjüdischer, nach allge-

meinen Kriterien ein heidnischer, einer den Goyim, den Fremd-
völkern angehöriger Herrscher. Der wird ausgerechnet zu einer
messianischen Gestalt.

Wir sehen, zu welcher Breite, zu welcher Palette die alttestamentlichen Messiaserwartungen gedeihen können, daß sogar ein
Fremdherrscher, den man rundum sonst im Orient als Vertreter
der chaotischen Welt kennzeichnet, für Israel zum Gesalbten und
Heilsbringer wird.

Wir haben neben der Person auch die messianische Zeit in unsere
Überlegungen miteinbezogen. Es gibt einfach keine Trennung zwischen Messias als Persönlichkeit und der mit ihm, in ihm oder durch
ihn verkörperten Heilszeit. Darüber hinaus wird deutlich, daß die
von Gott vorgesehene Zukunft völlig quer zu tradierten Erwartungen und Entwürfen stehen kann. Die Vorstellung von dem hetero-
genen Herrschertyp, der für sich auch das Prädikat des Erwählt-
seins beanspruchen darf, korrespondiert mit dem ebenfalls prophetischen Gedanken, daß nicht nur Israel, sondern auch die klassischen Feinde, nämlich die Philister und die Aramäer als Erwählte
gelten können (vgl. Am 9,7).

Autonome Gerechtigkeit Gottes

Es ist auch nicht so, daß der alttestamentliche Mensch ein Bild
von Gerechtigkeit hat, das er im einzelnen ausformuliert in der Meinung, so müsse dann auch Jahwes Gerechtigkeit sein. Es ist vielmehr so, daß er Jahwe überläßt, wie er seine gerechte Welt gestaltet;
die Utopie schreibt nicht vor, sie skizziert nicht einmal, sie programmiert nicht und versucht nicht, Jahwe herauszufordern durch
bestimmte konkrete Erwartungen, sondern sie überläßt Jahwe die
autonome und eigenwillige Umgestaltung der Welt.

Deswegen sind die Bilder so überraschend, weil sie den natürlichen Prozessen zu widerstreben scheinen. Es ist im Grunde eine
ganz neue Erde, ein ganz neuer Himmel, wobei beides zusammen
die neue Schöpfung charakterisiert.

Im Unterschied zur zielgerichteten Planung oder Organisation
von Zukunft aber wird deutlich, daß der biblische Mensch sich in
der Orientierung auf eine andere Gesellschaftsordnung zunächst in

seinem Gott festmachen muß, dem er zugleich überläßt, wie diese andere Welt aussieht. Aber sie wird dann so aussehen, das weiß er wohl, der gläubige Israelit und Jude, daß das, was dem Menschen gerecht erscheint, nicht unbedingt auch gerecht ist im Namen und Blickfeld Jahwes und daß menschliche Vorstellungen von Recht und Gerechtigkeit allzu häufig durcheinandergeworfen werden können, ja enttäuscht werden durch diesen Gott, der seinerseits neu schafft. Der biblische Gott kann einen gewalttätigen Eindruck hinterlassen, gerade für den, der sich ein allzu stimmiges und humanes Gottesbild gemacht hat. Die Andersartigkeit der erdrückenden Lebensfülle Gottes lastet auch auf dem Gesalbten, so daß dieser nicht ausschließlich als gefälliger Friedensapostel daherkommt, sondern auch, dem erwählten und dennoch erniedrigten Gottesknecht nicht unähnlich, eine völlig andere Gestalt als erwartet annehmen kann. Die Konturen des Erwählten können partout nicht nachgezeichnet werden, weil sie von Gott entworfen sind.

Um das letztere geht es nämlich. Die andere Welt muß neu inszeniert werden. Der neue Himmel und die neue Erde sind keineswegs ein Ergebnis menschlicher Konstruktion oder Fertigkeit, es ist auch nicht einfach das, was irgendein anonymer Demiurg, ein Weltenschöpfer, ein erhabener Konstrukteur zustandebringt. Es ist vielmehr der gleiche Gott, dem man zutraut, Israel in eine Phase hinüberzubegleiten, die mit der erfahrbaren Geschichte äußerlich gesehen gar nichts mehr zu tun hat, die vielmehr alle Erfahrungswerte auf den Kopf stellt.

Der Friedensstifter

Ich gebe zu überlegen, ob diese alternative Weltordnung, die ausschließlich in der Initiative Gottes begründet ist, nicht auch den Christen etwas Neues zu vermitteln hat. Ich glaube, wir stehen ja auch immer wieder vor der Erwartung, daß unser Konzept einer gerechten Weltordnung vorformulierbar und in Teilen zumindestens realisierbar sei. Wie weit wir mit dieser Hoffnung auf eine gerechte Friedensordnung kommen – wir sehen ja im Augenblick, wozu offenbar Menschen in der Lage sind, trotz jahrzehntelanger Friedensdiskussion.

Wie hilflos sind Menschen, wenn es um den letzten und äußersten Anspruch geht und die direkte Herausforderung, Frieden zu stiften. Wir stoßen immer wieder an diese radikale Grenze und da scheint es mir nötig, in Rückbezug auf den biblischen Kontakt, des näheren zum Alten Testament, gerade bei diesen utopischen Visionen anzusetzen, und zunächst einmal zu überlegen, wer denn eigentlich der Friedensstifter schlechthin ist. Wir müßten dann erkennen, daß es nötig erscheint, Gott gewissermaßen zu ersuchen, diese Welt in ein ganz anderes Licht hineinzutauchen, diese Welt neu zu schaffen, den Menschen neu zu kreieren.

Diese Erwartung erscheint uns außerordentlich fremdartig, weil wir zu sehr geprägt sind von der Machbarkeit des Friedens. Es haben offenbar Jahre in der Vergangenheit dazu verhelfen können, diese Machbarkeit zu formulieren und die Hoffnung auf internationale Organisationen zu setzen. Sie mögen alle ihren Grund und ihre Wichtigkeit haben, es wird nichts weggenommen von den Appellen an die Friedensdiskussion, es wird nichts reduziert in den Hoffnungen der Friedensinitiativen. Das bleibt alles bestehen, muß bestehen bleiben, aber man muß sich im Kern auch klar machen, daß der eigentliche Friedensstifter nicht der Mensch ist, sondern der Gott, der diese Schöpfung ins Leben gerufen hat und er wird wohl auch allein imstande sein, dieser Schöpfung ein anderes Gesicht aufzusetzen, das die gegenwärtige Misere und die Schranken, die wir erleben müssen, überwinden hilft.

So sehe ich in den alttestamentlichen Visionen etwas, was auch Christen übernehmen können und nicht nur tradieren können oder sollen, sondern mit den jüdischen Zeitgenossen als gemeinsames Zeugnis tragen dürfen.

»Der Messias Israels«?

Kann man wirklich nach alldem, was uns Israel und das Frühjudentum anbieten, noch von Jesus als dem »Messias Israels« reden, wie dies auf der Rheinischen Landessynode 1980 formuliert wurde: »Wir bekennen uns zu Jesus Christus, dem Juden, der als Messias Israels der Retter der Welt ist und die Völker mit dem Volk Gottes verbindet«? Abgesehen davon, daß die Titulatur »der Messias Israels« kein biblisches Äquivalent hat, darf man doch wohl die Identität von Jesus und Messias als exklusive Ineinssetzung zum Problem erheben. Geschichte und Dimensionen des Messiastitels nötigen nicht zu dem Bekenntnis, daß Jesus »der Messias« *war*, schon gar nicht »der Messias Israels«, wohl aber bleibt es dem Anhänger Jesu unbenommen, ihn als einen »Messias« in Israel und im Frühjudentum anzusprechen, d. h. also als einen »Gesalbten« in der Traditionslinie der »Gesalbten«. Ohne sich von den fundamentalen Erwartungen im Frühjudentum selbstgewiß und rigoros zu distanzieren, konnte der Anhänger Jesu in diesem den Exemplarfall eines pneumatischen »Gesalbten« sehen, der mit seiner Person auf den noch kommenden »Messias« verweist und für ihn einsteht. In diesem Sinn gibt es ein Christsein, das sich der Verkörperung der Messiasidee in Jesus verschreibt und doch nicht die Messiaserwartung als solche vereinnahmt. Jesus ist so eine über sich hinausweisende Messiasgestalt wie andere »Gesalbte« vor ihm über sich hinausgewiesen haben. Jesus ist nicht nur ein Prophet, er ist »ein Messias«, so daß seine Anhänger mit Fug und Recht als »Messianer« d. h. Christen bezeichnet werden können. Eine Orientierung an diesem Jesus als einer aus dem Quellgrund israelitisch-jüdischer Tradition gewachsenen Gestalt ist noch heute möglich und nachvollziehbar. In diesem Sinn gibt es ein Christsein ohne Neues Testament.

III. MENSCHENSÖHNE

Wir sollten noch ein wenig über diese grundsätzlichen Befindlichkeiten nachdenken in Verbindung mit weiteren Epitheta und Prädikationen, die man sich von der messianischen Zeit und der messianischen Gestalt gebildet hat.

Ich möchte gern an den Titel »Menschensohn« einige Überlegungen knüpfen.

Wir wissen, daß das Neue Testament im Zusammenhang mit der Gestalt Jesu den Menschensohntitel einführt, wobei dieser Titel wahrscheinlich zu den ursprünglichen Worten, den »ipsissima verba« Jesu gehört, zu dem Vokabular der sogenannten Logienquelle, sofern diese Spruchsammlung Originalworte Jesu widerspiegelt.

Das bedeutet, daß in den Aussagen Jesu sowohl über seine eigene Sendung wie auch über die erwartete messianische Gestalt und seine Beziehung zu ihr der Menschensohntitel eine entscheidende Rolle spielt.

Wo kommt der Titel »Menschensohn« her? Er ist im Alten Testament entwickelt worden und hat einige Stadien durchlaufen, bis er in frühjüdischer Zeit zum Inbegriff des von Gott gesandten Erneuerers des israelitischen und jüdischen Volkes geworden ist.

1. Prophetische Existenz

Zunächst erscheint der Menschensohntitel im Zusammenhang mit dem Prophetentum. Wir müssen dabei besonders die Gestalt des Ezechiel und seine Begegnung mit seinem Gott ins richtige Licht stellen. Menschensohn ist die Art und Weise, wie Jahwe im Buche Ezechiel den Propheten anredet (vgl. Ez 2,1f u. ö.). Da ist noch nichts zu spüren von einer messianischen Gestalt. Dennoch ist dieser Titel signifikant dafür, daß der Prophet mit seiner eigenen Rede eine bestimmte Herausforderung verbindet.

Ein genaueres Studium des Kontextes des Menschensohntitels bei Ezechiel würde uns zeigen, daß hier der Prophet in seiner geschöpflichen Existenz beschrieben und benannt wird, die die ganze Diskrepanz zwischen seinem Schöpfer Jahwe und ihm selber zum Ausdruck bringt. Der »Menschensohn« Ezechiel wird um Gottes willen in das Leid getrieben: »sie werden dich fesseln und mit Stricken binden, so daß du nicht mehr zum Volk hinausgehen kannst. Deine Zunge lasse ich dir am Gaumen kleben« (Ez 3,25 f). Der »Menschensohn« steht so in der Nähe des »Knechtes Gottes« und des »leidenden Gerechten«.

Ich möchte bei dieser Gelegenheit keineswegs ausschließen, daß der Titel »Menschensohn« auch als bewußtes Gegenstück zum Titel »Gottessohn« eingebracht worden sein kann. Es ist schwer zu belegen oder zu beweisen, aber ich möchte wenigstens mit der Möglichkeit rechnen.

Der Titel »Gottessohn« hat in vorexilischer Zeit dem König angehangen, vor allem im Bereich außerhalb und vor der Zeit Israels. Innerhalb Israels ist dieser Titel doch zumindest in Annäherung an den Sprachgebrauch außerhalb als Erwählungsaussage auch dem israelitischen König zugekommen – denken wir etwa an Psalm 2, an Psalm 110 oder auch an 2 Sam 7, die Natanweissagung. Diese Orientierung kann in der nachexilischen Zeit ein Gegenstück heraufbeschworen haben in Gestalt der Prädikation des Menschensohnes. Gleichzeitig ist es so, daß der Prophet Züge der königlichen Erwählung auf sich zieht, aber so, daß er sich keineswegs in Amt und Würden weiß, sondern als unverdient erwählter Mensch, der durch den Anruf Jahwes herausgefordert wird, in die Öffentlichkeit gegangen ist und sich seiner Unwürdigkeit bewußt ist (vgl. Jer 1,4-10).

Diese Vorstellung von der ungeheuren Kluft zwischen göttlichem Anspruch und menschlicher Befähigung wird ja bei Ezechiel handgreiflich, kaum ein Prophet zeigt diese Diskrepanz so deutlich. Darum ist es wohl verständlich, daß Menschensohn hier in erster Linie den geschöpflichen Menschen meint als den, der von Jahwe am Leben gehalten wird.

2. Apokalyptische Funktionen

Diese ungeheure Diskrepanz zwischen Schöpfergott und Menschensohn wird nun durch die Nachgeschichte und die Reflexion zu diesem Titel aufgearbeitet. Die nächste Stufe ist erreicht bei der Vision des Propheten Daniel, wo wir uns bereits in apokalyptischer Sprache befinden. Die frühjüdische Literatur zeigt im Buch Daniel ein herausragendes Beispiel der Nähe zur sogenannten Apokalyptik. Zunächst einige Bemerkungen zum Verhältnis der Eschatologie zur Apokalyptik.

Es sind beides Erwartungshaltungen, von denen Juden und Christen betroffen sind. Eschatologische, also auf die Zukunft, vor allem auf die ferne Zukunft gerichtete Vorstellungen gibt es in den beiden Religionen und darüber hinaus in anderen Weltreligionen, wie auch apokalyptische Erwartungen.

Eine Kurzformel kann Eschatologie und Apokalyptik gut voneinander unterscheiden lassen: Die prophetische Eschatologie verhüllt, spricht zwar das an, was kommt, verhüllt es aber, während die Apokalyptik enthüllt, d. h. in bildlicher Sprache dartut, wie die kommenden Geschehnisse sich entwickeln (O. Schilling).

Die Eschatologie der Propheten verhüllt, die apokalyptische Literatur enthüllt.

Noch immer ist es nicht völlig geklärt, woher die Apokalyptik stammt. Viele haben sich schwer getan, apokalyptische Texte überhaupt in der Bibel anzuerkennen oder zu rezipieren, so daß sich das Schlagwort »Ratlos vor der Apokalyptik« (K. Koch) verbreiten konnte. Neuerdings weiß man aber doch eher, mit dem außerordentlichen Bilderreichtum der Apokalyptik zurechtzukommen.

Sie ist natürlich eine Welt, die aufbaut auf eschatologischen Vorstellungen. Sie bezieht ihr Bilderarsenal aus der Umwelt Israels, aus dem Osten genauso wie aus dem Westen. In der Apokalyptik wird das, was kommt, in grellen Farben geschildert, sowohl die kommende Katastrophe wie aber auch die kommende Heilszeit mit ihren umwerfenden, revolutionierenden Erscheinungen.

156

Das Buch Daniel ist als ganzes ein Werk der Apokalyptik.
Daraus nun ein Zitat aus Kapitel 7. Ich möchte dabei auslassen, was dieses Buch über die kommenden Reiche sagt, wo vier Tiere vier apokalyptische Perioden kennzeichnen. Die Forschung ist noch nicht zum Abschluß gelangt in der Umsetzung dieser Tiersymbolik in bestimmte geschichtliche Erscheinungen. Es kommt aber auch gar nicht darauf an, daß man historische Entsprechungen für diese Reiche findet, wie sie möglicherweise der Autor des Danielbuches vor Augen hat, sondern es kommt hier darauf an, daß die vier Reiche als Erscheinungen des Chaotischen charakterisiert werden, dem der Ordnungsbringer und Ordnungsstifter schlechthin gegenübergestellt wird. Die Vierzahl ist ohnehin eine Symbolzahl, die eine gewisse komplexe Periode ausweisen soll, eine Fülle von chaotischen, katastrophalen Erscheinungen, durch die die Entwicklung hindurch muß, der dann die Friedensperiode des Messias gegenübersteht, der bei Daniel »Menschensohn« heißt:

»Immer noch hatte ich die nächtlichen Visionen:
Da kam mit den Wolken des Himmels einer wie ein Menschensohn.
Er gelangte bis zu dem Hochbetagten und wurde vor ihn geführt.
Ihm wurde Herrschaft, Würde und Königtum gegeben.
Alle Völker, Nationen und Sprachen müssen ihm dienen.
Seine Herrschaft ist eine ewige, unvergängliche Herrschaft.
Sein Reich geht niemals unter.« (Dan 7,13 f)

Wir kennen diese Vision des Menschensohnes, weil sie ja auch im christlichen Gottesdienst zitiert und reflektiert wird. Es ist aber doch eine ausstehende Wirklichkeit und auch Christen müssen sich gewärtig sein, daß die Erfüllung dieser Gottesherrschaft auf Erden noch aussteht.

Jesus von Nazaret ist ja nicht als irdischer, weltumspannender König in Erscheinung getreten, sondern seine Tätigkeit erschöpfte sich zunächst im Binnenraum Israels und er erschien als der Anwalt der Armen. Wir haben es in bezug auf Mt 21 ein wenig konkretisiert.

Aber auch diese Anwaltschaft für die Armen ist ein alttestamentliches Erbstück. Wir sehen nun, daß die Palette der Erwartungen in diesem Punkt auseinandergeht und nicht unbedingt an allen

Stellen zusammenfassend vertreten wird. So finden wir hier bei Daniel in der Menschensohnvorstellung nicht ausdrücklich die Erwartung, daß dieser Menschensohn die Partei der Armen ergreifen wird. Das ist anderswo deutlich genug akzentuiert, wie wir an Sach 9 gesehen haben.

Die Zusammenschau scheint mir nun wichtig, weil sie ja auch im Neuen Testament nicht allüberall vollzogen wird. Es bleibt auch hier dieser Überschuß der Erwartung, daß es einmal ein Gottesreich nach der Natur dieses Gottes geben wird, das nur im Bild zu charakterisieren wäre, von dem wir uns rational gar keine Vorstellungen machen können – ein Gottesreich, zu dem der Schöpfergott mit diesem Menschensohn eine Tür öffnet, von dem wir nur eine schwache oder vielleicht gar keine Ahnung haben.

Die Christen dürfen vielleicht in der Botschaft Jesu jemanden oder etwas wahrnehmen, was ihnen eine Ahnung dieser Tür zu einer neuen Wirklichkeit vermittelt. Nicht umsonst wird ja Jesus als die »Tür« im Johannesevangelium charakterisiert, durch die die Glaubenden in das Reich Gottes Eingang finden, aber es ist keineswegs so, daß Christen sich als Alleineigentümer mit besitzrechtlichem Anspruch auf das Reich Gottes verstehen dürfen.

3. Bleibende Visionen

Die Danielvision gehört, wie wir schon gesehen haben, zu den apokalyptischen Texten. Apokalyptische Texte außerhalb des Alten Testaments bestätigen diesen Eindruck, daß man in vielgestaltigen Erwartungen einer kommenden Umwälzung der Welt gelebt hat. Auch die Christen haben ja zunächst mit einer baldigen Wiederkehr des Menschensohnes gerechnet. Ja, Jesus selbst ist allem Anschein nach von dieser Naherwartung geprägt gewesen. Darum wird ihm gar nicht in den Sinn gekommen sein, Entwürfe für die Gestaltung der Kirche zu entwickeln. Es ist ihm auch gar nicht in den Sinn gekommen, Institutionen zu schaffen oder Überlegungen anzustellen, die mit der sakramentalen Vermittlung zu tun haben. Jesus hat zunächst der Naherwartung Tribut gezollt. Das ist ein ganz entscheidender Punkt. Damit ist überhaupt nichts Negatives über weitere Entwicklungen gesagt, die sich geradezu von selbst ergeben, aber nicht unbedingt so hätten verlaufen müssen, wie sie verlaufen sind. Aber daß mit dem Beginn von Institutionen sich eine Eigengesetzlichkeit auftut, das liegt auf der Hand. Dafür kann man niemanden ohne weiteres schuldig sprechen oder zur Verantwortung ziehen. Ich denke aber, daß diese institutionelle Verankerung sich ständig auf die Probe stellen muß, ob sie noch in dieser Erwartung des Anfangs steht. Das könnte eine Flexibilität im Bewußtsein mit sich bringen, die im Laufe der Jahre erstickt worden ist, die aber eigentlich immer wieder lebendig werden sollte.

Der »gewaltige« Gott

Nun, die apokalyptischen Erwartungen bringen noch ein weiteres mit sich, was gegenwärtig etwas vergessen wird. Wir Christen haben unseren Messias, unseren Jesus von Nazaret mit Zügen versehen und tun es gegenwärtig immer noch, die ihn als den Heilsbringer nach unserem Geschmack charakterisieren. Es ist mit Recht darauf aufmerksam gemacht worden, daß Jesus keineswegs nach unseren Vorstellungen Friedensbringer in einer Weise hat sein wollen, die keine Auseinandersetzung kennt. Wir wissen nicht, ob Jesus nicht doch, und zwar im Zuge apokalyptischen Denkens, mit einer Gewalttat Gottes gerechnet hat. Das können wir in keiner Weise ausschließen. In der neueren, auch volkstümlichen Diskussion über Jesus von Nazaret und seine Botschaft vermisse ich diese Perspektive, daß Jesus auch mit einem radikalen Eingriff Gottes in die Zeitgeschichte gerechnet haben könnte. Das entspräche den apokalyptischen Vorstellungen, in denen er gewiß zuhause gewesen ist. Es gehört wohl zur Person Jesu dazu, daß er im Zuge der Naherwartung seinem Gott, den er zugleich als seinen Abba, seinen Vater, sein »Väterchen« tituliert, zugestanden hat, daß er auf seine Weise in die Geschichte eingreift, so wie sich das Alte Testament immer wieder den Eingriff Gottes in einer radikalen Art, die menschliche Maßstäbe übersteigt, denken kann. Andererseits ist auch der vertrauliche Umgang mit dem Titel »Vater« kein Spezifikum jesuanischer Frömmigkeit, sondern bereits ein unübersehbares Kennzeichen frühjüdischer Religiosität. Das Bewußtsein des nahen und fernen Gottes ist mit wechselnder Gewichtung ein tragendes und kontinuierliches Element des alttestamentlichen und jüdischen Glaubens, den auch Jesus aufgreifend vertieft, aber nicht radikal verändert.

Da bildet sich nun auch ein ganz anderer Begriff von Gewalt heraus, der mit Gewalttätigkeit nach unserem Muster wirklich nichts zu tun hat. Aber wir können Gott nicht diese »potestas«, diese Dynamik absprechen, die ihn auf seine Weise mächtig sein läßt – und zu einer Neuschaffung dieser Welt wird ja wohl eine gewisse, von uns nicht formulierbare Mächtigkeit gehören. Das trauen wir unserem Gott zu und ich glaube, da steht Jesus mit uns.

Der endzeitliche Kampf

Die apokalyptische Darstellung der Menschheitsgeschichte versucht in einem großartigen Entwurf, die Entwicklung der kommenden Zeit zu charakterisieren. Im Buche Daniel ist von siebzig Jahrwochen die Rede. Diese siebzig Jahrwochen teilen sich auf in sieben Wochen nach dem Exil bis zur Heranbildung des Tempelkultes und der Selbstfindung der nachexilischen Gemeinde. Dann folgen 62 Wochen, in denen sich die Heilszeit etabliert bis dann in der letzten Woche der Menschensohn seine endgültige Herrschaft aufrichtet.

Diese Vorstellung ist natürlich nur ein Entwurf, die Siebzig-Zahl eine symbolische Zahl. Mit der Zahl sieben wird im Alten Testament häufiger im Zusammenhang mit abgerundeten Geschehnissen gearbeitet. Durch die Zahlensymbolik erreicht man eine Gliederung dessen, was kommen wird. Man versucht, sich die Abfolge vor Augen zu stellen, ohne daß damit eine Anweisung an Gott verbunden wäre, so und nicht anders zu verfahren. Nie wird hier irgend etwas vorgeschrieben.

Die Vision beschreibt in Bildern das, was kommt. Aber man gesteht dem Menschensohn etwas zu, das über das hinausgeht, was bei Ezechiel über den Menschensohn gesagt wurde. Er ist nicht nur geschöpflicher Mensch, sondern er steht hier auch der chaotischen Welt gegenüber und zwar als der berufene Anwalt Gottes, der von diesem Gott mit Schöpferkraft ausgestattet ist.

Diese Konfrontation mit der chaotischen Welt kommt zum Ausdruck in dem Gegenüber der vier Reiche, symbolisiert durch die Tiere und das Erscheinen des Menschensohnes im Buche Daniel (vgl. auch Offb 13 f).

Wir sollten nun diese beiden Prophetenvisionen einmal zusammennehmen und als Entwurf »christlich-messianischen« Redens vom Menschensohn ansehen – Menschensohn bei Ezechiel als geschöpflicher Mensch, der von Gott herausgeforderte, tief im Irdischen verhaftete Mensch Ezechiel und auf der anderen Seite der Menschensohn, der nicht mit Daniel identisch ist, sondern als selbständige Gestalt der chaotischen Welt gegenübertritt, die Personifikation der neuen Weltordnung. Wir könnten das sozusagen als inhaltliche Entsprechung zum Programm Jesu ansehen. Wenn wir nämlich bedenken, wie Jesus zu diesen beiden Perspektiven steht, dann ist festzustellen, daß Jesus sich einmal mit dem prophetischen Menschensohn ineinssetzt und damit das aufnimmt, was Ezechiel kennzeichnet, daß er auf der anderen Seite aber dem danielischen Menschensohn verpflichtet ist, insofern er von dem wiederkehrenden Menschensohn spricht, der auf den Wolken des Himmels erscheint.

In der Person Jesu treffen sich also diese beiden Perspektiven des alttestamentlichen Menschensohnes.

Kommendes und gegenwärtiges Reich

Das Sich-Treffen dieser beiden Perspektiven zeigt besonders an, daß mit dem Eintritt Jesu in diese Welt noch nicht alles abgeschlossen ist, was sich an Erwartungen bis dahin konkretisiert hat, denn Jesus selbst rechnet ja mit der Wiederkunft des Menschensohnes. Insofern greift er etwas ganz Entscheidendes in der Messias- und Menschensohnerwartung des Alten Testaments auf und stellt es als weiteres verpflichtendes Programm für die Christen hin. Es gibt nicht nur die Rückschau, sondern auch die Vorschau auf den Kommenden.

Ich denke, daß Christen und Juden unendlich viel mehr verbindet, als wir bis jetzt in unserem Bewußtsein wahrhaben wollen, nämlich diese Wiederkunft des Menschensohnes. Das heißt doch nichts anderes als die Anerkenntnis einer neu zu schaffenden Welt, eines neuen Himmels und einer neuen Erde, wie sie Juden erwarten und Christen ebenso dicht und eindringlich erwarten sollten.

Der alttestamentliche Mensch ist zu sehr im Diesseits verankert, um sich irgendeine Jenseitsspekulation erlauben zu können. Deswegen sollte die christliche Erwartung des Menschensohnes begleitet sein von einem Hineinfinden in die Initiativen zu einer Friedensordnung, wie sie bereits im Alten Testament und im Frühjudentum letztverbindlich und unüberholbar formuliert sind.

Die Bezogenheit auf die irdische Erneuerung, wie wir sie bereits bei den Propheten studieren können – denken wir an die gewaltigen sozial- und kultkritischen Äußerungen im Prophetentum –, kann ungehindert und ungemindert in der christlichen Verwirklichung eine Rolle spielen. Sie rechnet nichts vor und programmiert nichts, sie ist im Grunde Tätigkeit aus dem Glauben heraus, und in diesem Glauben ist auch die Hoffnung verborgen, daß Gott dieser Welt aufgrund des Glaubens und mit dem glaubenden Menschen ein

Tafel 6

total anderes Gesicht geben wird. All das ist ja wohl mit »Neuer Himmel und Neue Erde« gemeint.

Marc Chagall hat in einer symbolträchtigen Darstellung das Bild des Gekreuzigten mit dem der Tora verbunden (Taf. 6). Ein Engel trägt die grünfarbene Schriftrolle auf Jesus zu, der seine Henkersknechte ebenso unter sich läßt wie sein klagendes Gefolge. Dem scheinbar kontrastierenden Nebeneinander des Kreuzes als Heilszeichen und der Tora als Signal schöpferischer Weisung entspricht das Ineinander von Mutter und Kind im unteren Teil des Bildes. Hier läßt sich erahnen, welche zukünftige Wirklichkeit in der Zusammenschau der Symbole Kreuz und Tora verborgen ist. Die Tora überlebt und belebt den gekreuzigten Jesus und ist bleibendes Zeichen einer Hoffnung auf eine gottes- und menschenwürdige Gesellschaft, die der Christ aus der Quelle des Judentums schöpfen kann.

IV. In Abrahams Schoss

Ich möchte jetzt einen Bogen zu der Fragestellung zurückschlagen, die uns am Anfang ausdrücklich beschäftigt hat und uns bei unseren Betrachtungen begleitet hat: Welchen Grad an Verbindlichkeit hat unsere Auseinandersetzung und Ineinandersetzung mit dem Alten Testament zu beanspruchen? Ist es so, daß das Neue Testament bruchlos an die Stelle des Alten gesetzt werden darf oder ist es nicht vielmehr so, daß wir Christen neu lernen müssen, von der Vorgeschichte des Christentums her zu denken, in einem neuen Anlauf den Weg neu zu vollziehen, den die ersten Christen auf Grund ihrer Verbindung mit dem Judentum vollziehen mußten? Ich halte diesen Weg für den einzig brauchbaren und notwendigen. Wir Christen werden genötigt, mit dem lebendigen Judentum der Gegenwart ins Gespräch zu kommen, um so aus der gemeinsamen Wurzel zu schöpfen.

1. Begegnung mit Abraham

Ich möchte uns noch einmal entführen in den schon zitierten Kaiserdom zu Bamberg. Dort sind uns die beiden Figuren der Synagoge und der Ekklesia begegnet. Mit der außerordentlichen Gestalt der Synagoge haben wir uns bereits befaßt und festgestellt, daß sie in einem Überschuß an Vision des Künstlers ein »Mehr« an Ausdruckskraft mit sich bringt, ja ein »Mehr« an verhaltener Dynamik, als es etwa in der Ekklesia zur Darstellung kommt. Nicht, daß der Künstler eine Wertung im Detail vorgenommen hätte oder daß ihm völlig klar gewesen wäre, wie das Verhältnis Christentum – Judentum zu beschreiben sei, sicher stand auch er in der Abhängigkeit von vorläufigen, gewiß auch unausgereiften Vorstellungen seiner Zeit. Trotzdem hat er es ermöglicht, daß man in dieser dynamischen Gestalt der Synagoge mehr erkennt, als auf den ersten Blick in rein theoretischer Betrachtung des Verhältnisses Synagoge – Ekklesia zu Tage kommt.

Es gibt noch eine andere Kathedralplastik im Kaiserdom zu Bamberg, die geeignet ist, christliche und jüdische Perspektiven eng aufeinander zu beziehen, so daß auch hier dem Künstler eine Vision zugesprochen werden muß, die über die reine Lehrtradition hinausgreift. Es handelt sich um eine Gestaltengruppe, die die Kunstgeschichte »Abrahams Schoß« nennt (Taf. 7).

Es mag viele geben, die mit dieser Bezeichnung nicht so ohne weiteres etwas anfangen können. Wir begegnen Abraham wie auf einem Thron sitzend, der in seinem Schoß Menschen birgt, die gleichsam bei ihm eine schützende Heimat gefunden haben. Abraham zieht diese Menschen, deren Gesichtsausdruck ihre Seligkeit anzeigt, an sich, ja, er scheint sie auch aus sich zu entlassen, so daß der »Schoß Abrahams« in einem doppelten Sinn genommen werden kann. Auf jeden Fall wird eine innige Verbindung Abrahams mit noch kommenden Generationen zum Ausdruck gebracht.

Diese Art, Abraham als Vater aller Völker zu präsentieren und die Völker als Kinder Abrahams, ist eine kunstgeschichtlich mehr-

Tafel 7

fach belegbare Gruppe des Hochmittelalters. Sie geht natürlich zunächst auf die neutestamentliche Vorstellung zurück, daß die Völker, die gerechtfertigten Menschen, die Seligen, bei Abraham aufgehoben sind.

Die Erinnerung an Lk 16,22, daß die Engel den armen Lazarus zu Abrahams Schoß tragen, deutet so etwas an von dieser Idee, die vor allen Dingen im frühen Judentum beheimatet ist, daß Abraham wirklich die Wurzel und die Heimat aller Gerechtfertigten ist. Nun knüpft sich diese Idee auch an die Wortbedeutung des Ausdrucks *cheq* im Hebräischen: *cheq* kann sowohl als Schoß wie auch als Brust interpretiert werden. Gemeint ist ganz einfach: an diesen Abraham kann man sich anlehnen, weil er im Bewußtsein Israels und des Judentums der Gerechtfertigte schlechthin ist. Alle Verstorbenen können sich bei ihm ausruhen und die Seligkeit der Gegenwart des gerechtfertigten Glaubensvaters auf sich ziehen. So kann nach einem frühjüdischen Midrasch die Mutter der makkabäischen Brüder zum jüngsten Sohn sagen:»Willst du, daß alle deine Brüder in der zukünftigen Welt im Schoße Abrahams liegen sollen, du aber nicht?«

Das ist, auf den Punkt gebracht, die Idee, die zunächst hinter der Tradition dieser Figurendarstellung steht. Der unmittelbare Kontext der Vorstellung von Abrahams Schoß ist also die Idee einer engen Gemeinschaft Abrahams mit seinen Nachkommen in der jenseitigen Welt. Auf eine Verbindung der Verstorbenen mit den Vätern deuten bereits die alttestamentlichen Wendungen »zu den Vätern eingehen« (Gen 15,15), »mit den Vätern liegen« (Gen 47,30 Dtn 31,16) und »zu den Vätern versammelt werden« (Ri 2,10) hin.

Die künstlerische Darstellung läßt aber auch, wie oben angedeutet, eine andere Vision Gestalt annehmen. Diese andere Perspektive zeigt, daß bei der Vorstellung von Abrahams Schoß, Abrahams Brust, nicht nur an ein Jenseits, an eine jenseitige Welt oder an eine imaginäre Seligkeit gedacht ist, zu der alle Gläubigen nach ihrem Tod gelangen, sondern an eine Rückkehr zum Anfang, ein »Gemeinsam-Sich-Wiederfinden« bei dem Ersterwählten, bei dem Segen für die Völker, wie Abraham in Gen 12 genannt wird.

Darum ist es wichtig, auch die Verheißung im Kontext von Gen 12,1–3 zuzuziehen. Hier scheint mir die eigentliche Wurzel gegeben zu sein, die uns dieses besondere Abrahambild und durch ihn, durch Abraham hindurch, den Blick auf andere Völker, die sich Abraham zum Ahnherrn gewählt haben, öffnet.

»Und es sprach Jahwe zu Abram:
Geh weg aus deinem Land und aus deiner Verwandtschaft und aus dem Haus deines Vaters in das Land,
das ich dir zeigen werde.
Ich will dich zu einem großen Volk machen
und ich will dich segnen
und ich will deinen Namen groß machen,
und du sollst ein Segen sein.
Ich will segnen, die dich segnen,
wer dich verwünscht, den will ich verfluchen.
Und durch dich sollen alle Geschlechter
der Erde Segen erlangen.
Da zog Abram weg,
wie gesagt hatte zu ihm Jahwe.« (Gen 12, 1–3

Abraham gilt als Vater der Völker, von dem es heißt, daß er von seinem Gott zum Aufbruch gerufen wurde. Es könnte sich um eine vertiefte Reflexion handeln, die erst in der fortgeschrittenen Phase israelitischer Geschichtsschreibung ihre jetzige Formulierung gefunden hat. Es kann sein, daß hier eine Alternative zum herrschenden Machtpotential der Regierenden, eine Alternative zum Königtum Salomos und seiner Nachfolger zur Sprache kommt. Es bleibt bei einer kritischen Betrachtung menschlichen Herrschaftswillens; es wird dafür Abraham als Prototyp des wahren Israeliten vorgestellt, von dem gilt, daß er auf Gottes Geheiß unterwegs ist. Eine ursprüngliche Flexibilität gehört zum Glauben, zur Realisation des Glaubens unabdingbar dazu.

In diesem Sinn ist der Aufruf zu interpretieren: »Geh weg aus deinem Land«, wobei eine sukzessive Eingrenzung vorgenommen wird: das Land, die Verwandtschaft, das Haus des Vaters. Eine Eingrenzung und eine Zuspitzung des Anspruchs zugleich!

Diese sukzessive Zuspitzung soll ein Verlassen gerade des Gewohnten, des Alltäglichen, des Liebgewordenen zum Ausdruck bringen, daß der Glaubende herausgestellt ist aus seiner angestammten und angepaßten Umgebung, damit ihm die Loslösung von versteinerten Strukturen möglich wird.

Vom Territorialen bis hin zu dem Familiären – das alles muß der Glaubende hinter sich lassen. Es ist damit keine Wertung oder gar Abwertung des Institutionellen damit verbunden. Ich denke, niemand weiß so sehr zu schätzen wie der Israelit und der Jude, was das Land für ihn bedeutet oder die Verwandtschaft oder das Haus des Vaters. Um so mehr muß es den Israeliten herausfordern, wenn gerade das, was ihm soviel bedeutet, zurückgelassen wird und zwar nur auf die Ankündigung hin, daß das Land bereitgestellt wird und noch nicht zu Händen ist: »Das Land, das ich dir zeigen werde« – ein Programm, aber nichts Faßbares, im Gegensatz zu dem Land, das verlassen wird, das überschaubar und begreifbar ist. An Stelle dessen steht das offene Gebiet, das allein in dem Versprechen Jahwes seine Dimensionen hat. Das Zeigen allein ist Hinweis genug und soll den Glaubenden provozieren, überzeugen, mitziehen.

2. Segen für die Völker

Nach dem jetzigen Textverlauf ist diese offene Prophezeiung: »Das Land, das ich dir geben werde«, in engem Zusammenhang mit den folgenden Verheißungen zu sehen, nämlich das »Machen zu einem großen Volk« und zugleich das »Segnen« und das »Großmachen des Namens«.

(Gen 12,2a–d):
2a Ich will dich zu einem großen Volk machen
2b und ich will dich segnen
2c und ich will deinen Namen groß machen,
2d und du sollst ein Segen sein.

Diese vier Aussagen sind Inbegriff des »Vaterseins« Abrahams, seiner elementaren Bedeutung für die Völker. Es ist darauf hingewiesen worden, daß diese Wendungen eine große Ähnlichkeit zeigen zu dem, was früher Königen zugesprochen wurde. Daß zu einem wahren Königtum ein großes Volk und eine umfassende Herrschaft gehört, das war Gemeingut im Alten Orient. Ebenso ist allenthalben in ägyptischer und mesopotamischer Kunst bezeugt, daß der Name des Königs groß sei – das Eindrücken und Aufdrücken des Namens spielt ja eine gewaltige Rolle als Manifestation des Unveränderlichen, des Bleibenden. Einen großen Namen haben, das bedeutet: Herrschaft auf seiner Seite tragen.

Was aber bei den anderen Völkern fehlt, ist die ausgesprochene Rede vom Segen. Es sieht fast so aus, als wenn die Segensformulierungen im Alten Testament ein Eigengut israelitisch-jüdischer Geschichte seien.

Zwar gibt es außerhalb Israels Vorstellungen, die in die Nähe des Segens gerückt sind. Wenn wir an die Szenen denken, wo Götter den Menschen etwas geben und Menschen ihrerseits den Göttern etwas übergeben, so sind das Austauschvorstellungen, die in manchem der Idee des »do, ut des« (ich gebe, damit du gibst) nahestehen, aber nicht identisch damit sind. Solche Vorstellungen des Gebens und Nehmens im Verkehr mit der Gottheit gibt es natürlich außerhalb Israels, aber Israel hat gerade diesen Austausch zwischen Gott und Mensch begrifflich weiterentwickelt und in der Formulierung des Segens eingefangen.

Darum scheint es mir wichtig, dem Segen einige Betrachtungen zu widmen, zumal Abraham nach V 2 d ein Segen sein soll und in V 3 durch ihn, durch Abraham, alle Geschlechter der Erde Segen erlangen sollen – natürlich auch die Völker, die nachher kommen, die christlichen und die nichtchristlichen.

»Ich will segnen, die dich segnen,«und »durch dich sollen alle Geschlechter der Erde Segen erlangen«.

Wenn alle Völker durch Abraham in den Genuß des Segens Gottes kommen, dann enthält diese Zusage einen universalen Anspruch, der den Innenraum Israels übersteigt und die gesamte Menschheit erfaßt. Wir müssen uns daher über die Gestalt dieses Segensspruches Rechenschaft geben. Vielleicht kann man am ehesten Klarheit gewinnen, wenn man sich die Formeln anschaut, in denen Segensformulierungen gebraucht werden.

Im Alten Testament werden wir häufig die passiv gestaltete Wendung »Gesegnet sei NN durch Jahwe« (hebräisch: *baruk NN l – YHWH*) wiederfinden. Diese Formel, zunächst als Grußformel verständlich, ist von vornherein gedacht als eine Erklärung, die Solidarität ausdrückt und zwar in einem ganz umfassenden Sinn. Dieser oder jener Mensch, dieses oder jenes Volk soll in Jahwe, als dem Stifter von Kommunikation schlechthin aufgehoben sein, eine Heimat finden. Mit Jahwe geht man eine Koalition des Vertrauens ein. Vom Ursprung her wohnt also dem Segen viel mehr inne, als das, was wir damit verbinden: nämlich Segen reduziert auf den Gestus der Segensformulierung, begleitet oder nicht begleitet von der Formel: »Ich segne dich im Namen des Vaters und des Sohnes und des Heiligen Geistes«.

Wir sollten uns darüber im klaren sein, daß diese Art und Weise, von Segen zu sprechen oder zu denken, eine Verkürzung dessen bedeutet, was eigentlich gemeint ist. Im Segen vollzieht sich eine Kommunikation von Gott und Mensch, auch von Menschen untereinander in der besonderen Zuwendung oder Bestätigung durch den Stifter von Gemeinschaft, der immer bei Segensvorgängen die entscheidende Rolle spielt. Jahwe ist der Garant dafür, daß hier ein innerer Austausch zustandekommt.

Es ereignet sich also etwas, was über das bloße Anreden oder das bloße Grüßen zu Anfang oder zu Ende eines Gottesdienstes hinausgeht. Es ist eine Art Bundesschluß in dieser Segensformulierung enthalten. Man kann aus dieser Sicht heraus wirklich nicht sagen, durch den Segen am Anfang und den Segen am Ende des Gottesdienstes würde das Sakrale eröffnet und das Sakrale wieder geschlossen. Segen ist vielmehr Ausdruck der Mitte der beiderseitigen Kontakte. Im Segen vereinigt sich gleichsam Gott mit dem Menschen, und es vereinigen sich im Namen Gottes Menschen untereinander. Das ist der außerordentliche Horizont, der dieser Formel innewohnt.

Benachbart zu dieser weitverbreiteten Formel »Gesegnet sei NN durch Jahwe« steht eine zweite Formel, die mit ihr verwandt ist. Sie beginnt auch mit *baruk* und unmittelbar nach dieser Passivform steht der Gottesname: »Gesegnet sei Jahwe» *(baruk YHWH).*

Was ist damit gemeint?. Auf den ersten Blick eine Art Begrüßungsformel (»Grüß Gott«), aber wir dürfen wohl sagen, daß hier eine Intimität im Verhältnis zu Jahwe beschrieben wird, wie sie der Hebräer kaum anders artikulieren konnte, ein »Sich-Hineinsetzen in Jahwe«, ein »Mit-Jahwe Eins-Sein«. Das ist letzten Endes der Sinn der Formulierung: »Gesegnet sei Jahwe«. Jahwe ist es, der von sich aus den Segen auf den Menschen verströmt und ihn damit in seinen Bann zieht. Jahwe ist es aber auch, der den Menschen zu sich zieht, ihn in sich hineinversetzt. Segen schafft also Verbindung und ist legitimer und sprechender Ausdruck einer *Communio,* wie sie im Rahmen des Gottesdienstes vollzogen werden kann. Ich denke, man tut gut daran, gerade diesen Gestus auch unter Beachtung der damit verbundenen tiefen Dimension zu vollziehen.

Was bedeutet nun, daß Abraham ein Segen sei und daß alle Geschlechter der Erde durch ihn Segen erlangen?

Abraham ist im Alten Testament und im frühen Judentum *die* exemplarische Gestalt für Glauben schlechthin geworden, so daß er als der Gerechtfertigte, als Beispiel für den gerechten Menschen in die Reflexionsgeschichte eingegangen ist.

In Weiterführung von Gen 12,1-3 wäre zu bedenken, was im Zusammenhang mit Gen 15,6 mit der Rechtfertigungserklärung über Abraham verbunden ist (»Abram glaubte dem Herrn, und der Herr rechnete es ihm als Gerechtigkeit an.«), was Abraham dann ferner nach der Priesterschrift kennzeichnet als den Hoffnungsträger der Exilsperiode (Gen 17), der den Auszug aus dem Exil gewissermaßen vorwegnimmt. Abrahams Zug aus Mesopotamien nach Palästina ist in der israelitischen Geschichtsschreibung ein Ausdruck dafür, wie sehr sich Israel selber wünscht, aus dem Exil in die Heimat zurückzukehren. Abraham bleibt also auch unter dieser Perspektive ein Hoffnungsträger auf Grund seiner Rechtfertigung. Schließlich könnte man auch auf die paulinische Rezeption hinweisen, in der Abraham seines Glaubens wegen als Gerechtfertigter gilt (Röm 4,1–22). Diese paulinische Sichtweise steht keineswegs auf anderen Beinen, sondern berührt sich intensiv mit der alttestamentlich-jüdischen Interpretation, so daß es ihrer nicht bedarf, die Gestalt Abrahams in ihrer bleibenden Verbindlichkeit vor Augen zu stellen. Noch weniger haben es die Gerechten des Alten Bundes nötig, erst durch Jesus zur Rechtfertigung geführt zu werden.

Abraham ist eigentlich eine der Kristallisationsgestalten, in der man am ehesten Judentum, Christentum und auch den Islam zusammenführen kann, weil ja Abraham diesen drei großen Religionen als »Vater« gilt.

»Segen« bedeutet also, daß durch die Anlehnung an Abraham, an Abrahams Schoß, so etwas wie eine Kommunikation zustandekommt, die die Religionen und die Völker miteinander verbinden kann. Die Verheißung zielt also auf diesen universalen Anspruch, daß bei der Rückbindung und Rückerinnerung an eine Gestalt wie Abraham etwas ganz Großartiges geschieht, daß sich die so zerstrittenen Religionen der Völker, die im Laufe der Zeit immer wieder ihren Ursprung vergessen haben, am ehesten wiederfinden, wenn sie sich auf diese exemplarische Gestalt des Gerechten konzentrieren, die ja ganz anders dasteht als menschliche Herrschaftsidole.

3. »Gottessohn« und »Gotteskinder«

Hier sollte noch einmal verdeutlicht werden, daß das »Kinder-Abrahams-Sein« auf einem anderen Niveau steht als die Vorstellung des »Gottessohn-Seins«, ohne damit zu konkurrieren, denn Abraham wird nirgendwo Gottes Sohn genannt. Die Gottessohnprädikation gilt zunächst für den König im Alten Testament und in seiner Umwelt. Ps 2,7 2 Sam 7,14 (»Ich will für ihn Vater sein, und er wird für mich Sohn sein.«) oder Ps 110,3, um nur die wichtigsten Stellen zu nennen, deuten darauf hin, daß das Königtum als Sohnschaft Gottes im Alten Testament in Übernahme ägyptischer Vorstellungen gefaßt wurde. Aber Abraham ist nie Sohn Gottes genannt worden, er steht als Mensch da, obwohl er auch nicht Menschensohn heißt, er steht immerhin als Mensch da, der in der Reflexionsgeschichte Israels und des Judentums als Vater der Gerechtfertigten, als der Gerechte schlechthin erscheint. Er zieht geradezu die Prädikation des Gerechtseins auf sich.

In der Charakteristik des verbindlichen Gerechtseins können wir uns an Formulierungen in Ps 1 halten, die auch durch einschlägige Texte im Neuen Testament nicht überhöht, schon gar nicht außer Kraft gesetzt werden. Auch die Gestalt Jesu hat diesen Gerechten nicht ersetzt. Nein, der Gerechte ist im Bewußtsein Israels und des Judentums und sicher auch im Bewußtsein Jesu und ähnlich denkender Erben alttestamentlichen Glaubens ein Mensch, der sich auf Gott einläßt. Gerechtsein heißt, mit Gott leben, sich auf ihn einlassen und die Versöhnungsbereitschaft Gottes auf sich ziehen dürfen. Darum ist Abraham gerade im Sinne des 1. Psalms ein Gerechter. Die Orientierung an ihm macht alle zu Kindern Abrahams.

Beide Vorstellungen leben aber nebeneinander: die Gottessohnschaft konzentriert sich auf den exemplarischen Menschen, der gleichsam der erste ist, der den Weg öffnet, wie die Ägypter sagen würden – der »Öffner des Weges« oder der »Erste der Westlichen«. Er ist derjenige, der die Nähe Gottes am ehesten spürt und für alle seine Freunde aufschließt. Das ist der Vorrang der Gottessohnschaft. Das Christentum sieht diese Gottessohnschaft in Jesus Christus verwirklicht. Aber daneben gibt es die Vorstellung von den Kindern Gottes, und dieser Vorstellung von den Kindern Gottes entspricht am ehesten auch die Idee der Kinder Abrahams. Es handelt sich um diejenigen, die in den Fußstapfen des Gerechten gehen.

Es gilt also immer beides zu bedenken im Christentum: die Orientierung an dem Ersten, dem vorangehenden Menschen, dem exemplarischen Menschen, an dem Gott seine Nähe in unüberbietbarer Weise manifest macht, und es gibt zugleich die Orientierung an der Gotteskindschaft, die alle Menschen ergreift. Es bleibt dieser substantielle Unterschied. Wir können in unserem Credo nicht anders, als uns zu dem exemplarischen Menschen zu bekennen, den das Alte Testament in seiner messianischen Orientierung bereits antizipiert und an dem dann alle partizipieren auf Grund ihrer erworbenen und geschenkten Gotteskindschaft, oder anders ausgedrückt, auf Grund ihres »Kinder-Abrahams-Seins«.

Im Text Gen 12,1–3, der zu den sprechendsten und wichtigsten alttestamentlichen Aussagen gehört, kommt unerhört viel an Universalität zur Darstellung. Menschen, die eigentlich gar nichts von biblischer Tradition erfahren, gar nicht in der unmittelbaren Sukzession stehen, alle Geschlechter der Erde, werden hineingezogen in den Segen, der Abraham zu eigen ist. Das ist eine ungeheure Öffnung für die Welt, die jedem, der sich in Gott festmachen will, die Zugehörigkeit zu den Kindern Abrahams ermöglicht.

Diesen Durchbruch leistet bereits das Alte Testament. Niemand darf sagen, daß das Christentum erst die universale Tendenz zur Darstellung brächte. Das Tor wird bereits zuvor geöffnet und die Konzentration oder die Isolierung auf den innerjüdisch-israelitischen Raum wird universalistisch aufgebrochen. So entspricht diese Retrospektive auf die Funktion Abrahams der Zeichnung des endzeitlichen Freudenboten, wie er in Jes 61,1–9 vorgestellt wird:

»Der Geist des Herrn ruht auf mir; denn der Herr hat mich gesalbt.

Er hat mich gesandt, damit ich den Armen eine frohe Botschaft bringe und alle heile, deren Herz zerbrochen ist,

damit ich den Gefangenen die Entlassung verkünde und den Gefesselten die Befreiung,

damit ich ein Gnadenjahr des Herrn ausrufe, einen Tag der Vergeltung unseres Gottes, damit ich alle Trauernden tröste,
die Trauernden Zions erfreue, ihnen Schmuck bringe anstelle von Schmutz,
Freudenöl statt Trauergewand, Jubel statt der Verzweiflung.
Man wird sie »Die Eichen der Gerechtigkeit« nennen, »Die Pflanzung, durch die der Herr seine Herrlichkeit zeigt«.
Dann bauen sie die uralten Trümmerstätten wieder auf und richten die Ruinen ihrer Vorfahren wieder her.
Die verödeten Städte erbauen sie neu, die Ruinen vergangener Generationen.
Fremde stehen bereit und führen eure Herden auf die Weide, Ausländer sind eure Bauern und Winzer.
Ihr alle aber werdet »Priester des Herrn« genannt, man sagt zu euch »Diener unseres Gottes«.
Was die Völker besitzen, werdet ihr genießen, mit ihrem Reichtum könnt ihr euch brüsten.
Doppelte Schande mußten sie ertragen, sie wurden angespuckt und verhöhnt;
darum erhalten sie doppelten Besitz in ihrem Land, ewige Freude wird ihnen zuteil.
Denn ich, der Herr, liebe das Recht, ich hasse Verbrechen und Raub.
Ich bin treu und gebe ihnen den Lohn, ich schließe mit ihnen einen ewigen Bund.
Ihre Nachkommen werden bei allen Nationen bekannt sein und ihre Kinder in allen Völkern.
Jeder, der sie sieht, wird erkennen: Das sind die Nachkommen, die der Herr gesegnet hat.«
Das Alte Testament kann also selber schon Wege und Dimensionen aufzeigen, wie sie im nachhinein vom Christentum beansprucht worden sind.

Nachwort

Es sei nicht versäumt, zum Schluß auf eine Perspektive hinzuweisen, die wir in der Gegenwart eines sich wieder abzeichnenden Antisemitismus unbedingt brauchen und die zur Komplementierung des Abrahambildes dazugehört.

Wir haben gehört, daß die Völker dieser Erde, sofern sie sich auf die Verheißung einlassen, einbezogen sind in den Segen, der Abraham zukommt. Alle dürfen teilhaben an dieser Kommunikationsbereitschaft Gottes mit den Menschen.

Trotzdem hat man die Erfahrung machen müssen, daß sich die Welt gerade gegen diejenigen, die als Erste Empfänger des Segens Gottes in Abraham geworden sind, gegen die primären Zeugnis- und Hoffnungsträger gewandt hat. Ich kann gar nicht umhin, hier noch einmal auf diese Bruchstelle hinzuweisen, die in unserer abendländisch-christlichen Kultur besteht. Das Stichwort »Auschwitz« muß uns darauf aufmerksam machen, daß sich die gesamte christliche Konzeption umorientieren muß, weil sie sich selbst nicht mehr bruchlos an die Verheißung der Kinder Gottes anschließen kann. Sie kann gar nicht anders, als erneut und ganz bewußt denen den Vortritt zu lassen, die Erstempfänger des Segenszuspruchs geworden sind, die den Christen vorangehen, indem sie zuerst Hoffnungsträger und Kinder Abrahams geworden sind. Die Christen können nur ins Gespräch kommen mit denen, die dieses Zeugnis zuerst empfangen haben. Wir können nicht vorbeisehen an den Millionen, die von den Christen an den Rand gedrängt und aus dem Leben geworfen wurden. Ich sage bewußt »von den Christen«, weil das sogenannte christliche Abendland nicht stark genug war, die Verheißung des Alten Testaments auszuhalten, sondern selbstsüchtig jedwede Solidarität vermissen ließ.

So steht dem Christen zwar Selbstbesinnung dringend an, aber damit noch keineswegs der Anspruch, den Juden als Gesprächspartner zu sich zu bitten. Die Christen haben nur noch eine Chance vor der Geschichte, wenn ihnen das gläubige Judentum die Hand reicht. Eine zukünftige Möglichkeit, ein Christsein in einer offenen Kirche zu realisieren, könnte darin bestehen, sich mit dem lebendigen und gläubigen Judentum unter dem gemeinsamen Dach, oder um in unserem Bild zu bleiben, im Schoße Abrahams wiederzufinden, um so als Glaubende gemeinsam Ausschau zu halten nach dem Kommenden.

Aus einer neuerschienenen meditativen Betrachtung des Schöpfungsgeschehens der jüdischen Autoren Elie Wiesel und Albert Friedlander »Die sechs Tage der Schöpfung und der Zerstörung. Ein Hoffnungsbuch« möge zum Schluß unserer Betrachtung ein Wort zitiert werden.

Die Texte, die von Elie Wiesel formuliert sind, wollen im Sinne einer meditativen Betrachtung verstanden werden und zielen darauf hin, daß das, was geschehen ist, immer wieder ins Gedächtnis zurückgeholt werden muß. Die Christen dürfen das Vergessen nicht zu ihrer Alltagsbeschäftigung machen und auch Juden werden nicht vergessen.

Es gibt keinen Versöhnungswillen, der zugleich vergißt. Auch das ist ein ganz entscheidender Punkt, der sich auf Grund der Erfahrung von Auschwitz einstellt. Wir Christen können nicht in einem falsch verstandenen Versöhnungswillen und in einer falsch verstandenen Sühnebereitschaft auf das »Erinnern« verzichten.

Darin sehe ich auch die verbindliche Bedeutung des Alten Testaments für den Christen. Ich möchte sie so zusammenfassen:

Es geht um eine provozierende Erinnerung daran, daß Gott mit Israel Wege beschritten hat, die auch unsere eigenen Wege sein dürfen. Die Verbindlichkeit besteht darin, daß wir uns an die Hoffnungsträger in Israel und im Judentum erinnern und die vielfach zerstörte Hoffnung immer wieder auferwecken, auf Hoffnung gegen alle Hoffnung setzen (vgl. Röm 4,18).

Darum als eine kleine Empfehlung aus diesem Buch, ein Zitat von Elie Wiesel als eine Art Anspruch an den Christen und Juden, daß sie diejenigen nicht vergessen, die ausgestoßen wurden:

»Öffnen Sie Ihr Herz und schließen Sie Ihre Augen: Jenseits des Horizonts, auf der anderen Seite, gehen Tausende und Abertausende von Männern, Frauen und Kindern zwischen Himmel und Erde dahin. Sie können Sie nicht sehen, aber für sie ist es wesentlich, daß Sie, meine Freunde, die Menschen dort wahrnehmen. Sie können nicht zu Ihnen sprechen, aber für sie ist es wesentlich, daß wir hier miteinander sprechen. Sie kommen aus dem tiefsten Exil unserer Geschichte. Sie gehen auf einen unsichtbaren Altar zu, der aus Namen besteht, welche auf Briefe aus Feuer geschrieben wurden. Wenden Sie sich nicht ab von ihnen, Brüder. Sie sind unsere Brüder und Schwestern, unsere Eltern. Sie tragen unsere Verheißungen und unsere Visionen mit sich: Sie sind die Jakobsleiter, welche den himmlischen Thron mit den irdischen Tragödien verbindet.«

(Elie Wiesel – Albert Friedlander, Die sechs Tage der Schöpfung und der Zerstörung. Ein Hoffnungsbuch, Herder, Freiburg – Basel – Wien, 1992, 76 f.)

Begleitende und weiterführende Literatur

Zu Teil I:

Kraus, H.-J., Tora und »Volksnomos«, in: E. Blum – Chr. Macholz – E. W. Stegemann, Die Hebräische Bibel und ihre zweifache Nachgeschichte (Festschrift für
Rolf Rendtorff zum 65. Geburtstag), Neukirchen-Vluyn 1990, S. 641–655.

Kraus, H.-J., Das Alte Testament in der »Bekennenden Kirche«, in: Kirche und
Israel 1, 1986, S. 26–46.

Kusche, U., Die unterlegene Religion. Das Judentum im Urteil deutscher Alttestamentler. Zur Kritik theologischer Geschichtsschreibung, Berlin 1991.

Metz, J. B., Kirche und Auschwitz, in: Kirche und Israel 5, 1990, S. 99–108.

Nikolaisen, C., Die Auseinandersetzungen um das Alte Testament im Kirchen-
kampf 1933–1945, Dissertation Hamburg 1966.

SCHOTTROFF, W., Theologie und Politik bei Emanuel Hirsch. Zur Einordnung
seines Verständnisses des Alten Testaments (1. Teil), in: Kirche und Israel 2,
1987, S. 24–49.

Smid, M., Deutscher Protestantismus und Judentum 1932, München 1990.

Theißen, G., Aporien im Umgang mit den Antijudaismen des Neuen Testaments,
in: E. Blum – Chr. Macholz – E. W. Stegemann, Die Hebräische Bibel und ihre
zweifache Nachgeschichte (Festschrift für Rolf Rendtorff zum 65. Geburtstag),
Neukirchen-Vluyn 1990, S. 535–553.

Zenger, E., Das Erste Testament. Die jüdische Bibel und die Christen, Düsseldorf
1991.

Zu Teil II:

Bartelmus, R., Die Tierwelt in der Bibel II. Tiersymbolik im Alten Testament
exemplarisch dargestellt am Beispiel von Dan 7, Ez 1,10 und Jes 11,6–8, in:
B. Janowski – U. Neumann-Gorsolke – U. Gleßmer, Gefährten und Feinde des
Menschen. Das Tier in der Lebenswelt des alten Israel, Neukirchen-Vluyn 1993.

Beuken, W., Hatte Israel den Messias nötig?, in: Concilium 29, 1993, S. 7–13.

Brocke, E., Von den ›Schriften‹ zum ›Alten Testament‹ – und zurück? in: E. Blum –
Chr. Macholz – E. W. Stegemann, Die Hebräische Bibel und ihre zweifache
Nachgeschichte (Festschrift für Rolf Rendtorff zum 65. Geburtstag), Neukir-
chen-Vluyn 1990, S. 581–594.

Crüsemann, F., Die Tora. Theologie und Sozialgeschichte des alttestamentlichen
Gesetzes, München 1992.

Freyne, S., – Weiler, A., – Beuken, W., Messias und Messianismus, in: Concilium 29, 1993, S. 1–6.

Freyne, S., Die frühchristlichen und jüdischen Vorstellungen vom Messias, in:
Concilium 29, 1993, S. 25–32.

Glaßner, G., Vision eines auf Verheißung gegründeten Jerusalem (Österreichische Biblische Studien 11), Klosterneuburg 1991.

Görg, M., Hiskia als Immanuel. Plädoyer für eine typologische Identifikation, in: Biblische Notizen. Beiträge zur exegetischen Diskussion 22, 1983, S. 107–125 = M. Görg, Aegyptiaca-Biblica. Notizen und Beiträge zu den Beziehungen zwischen Ägypten und Israel (Ägypten und Altes Testament 11), Wiesbaden 1991, S. 272–290.

Görg, M., Christentum und Altes Testament, in: Jahrbuch für Biblische Theologie 6, 1991, S. 5–31.

Horsley, R., Jüdische Gruppen in Palästina und ihre Messiaserwartungen in der späten Zeit des zweiten Tempels, in: Concilium 29, 1993, 14–24.

Hossfeld, F., – Zenger, E.,»Selig, wer auf die Armen achtet« (Ps 41,2), in: Jahrbuch für Biblische Theologie 7, 1992, S. 21–50.

Kellermann, U., Messias und Gesetz. Grundlinien einer alttestamentlichen Heilserwartung. Eine tradtionsgeschichtliche Einführung, Neukirchen 1971.

Koch, K., Der doppelte Ausgang des Alten Testamentes in Judentum und Christentum, in: Jahrbuch für Biblische Theologie 6, 1991, S. 215–242.

Kosch, D., Jesus der Jude – Zehn Thesen, in: Kirche und Israel 7, 1992, S. 74–82.

Laato, A., The Servant of YHWH and Cyrus. A Reinterpretation of the Exilic Messianic Programme in Isaiah 40–55 (Coniectanea Biblica. Old Testament Series 35), Stockholm 1992.

Lichtenberger, H., – Stegemann, E. W., Zur Theologie des Bundes in Qumran und im Neuen Testament, in: Kirche und Israel 6, 1991, S. 134–146.

Lohfink, N., Der neue Bund und die Völker, in: Kirche und Israel 6, 1991, S. 115–133.

Marquardt, F.-W., Das christliche Bekenntnis zu Jesus, dem Juden. Eine Christologie, Bd. 1 München 1990, Bd. 2 München 1991.

Neusner, J., Wann wurde das Judentum eine messianische Religion?, in Concilium 29, 1993, S. 33–41.

Radford, Ruether, R., Christologie und das Verhältnis zwischen Juden und Christen, in: Concilium 29, 1993, S. 85–93.

Rupprecht, K., Zu Herkunft und Alter der Vater-Anrede Gottes im Gebet des vorchristlichen Judentums. Nicht durchgehend wissenschaftliche Erlebnisse, Beobachtungen, Überlegungen und Spekulationen, in: E. Blum – Chr. Macholz – E. W. Stegemann, Die Hebräische Bibel und ihre zweifache Nachgeschichte (Festschrift für Rolf Rendtorff zum 65. Geburtstag), Neukirchen-Vluyn 1990, S. 347–355.

Schmidt, H. H., Alttestamentliche Voraussetzungen neutestamentlicher Christologie, in: Jahrbuch für Biblische Theologie 6, 1991, S. 33–45.

Schmidt, W. H., Die Ohnmacht des Messias. Zur Überlieferungsgeschichte der messianischen Weissagungen im Alten Testament, in: U. Struppe (Hg.), Studien zum Messiasbild im Alten Testament (Stuttgarter Biblische Aufsatzbände 6), Stuttgart 1989, S. 67–88.

Seebass, H., Herrscherverheißungen im Alten Testament (Biblisch-Theologische Studien 19), Neukirchen-Vluyn 1992.

Segal, A. F., Bund in den rabbinischen Schriften, in: Kirche und Israel 6, 1991, S. 147–192.

Stegemann, E. W., Welchen Sinn hat es, von Jesus als Messias zu reden?, in: Kirche und Israel 7, 1992, S. 28–44.

Strothmann, A., Mein Vater bist Du (Sir 51,10). Zur Bedeutung der Vaterschaft Gottes in kanonischen und nichtkanonischen frühjüdischen Schriften (Frankfurter Theologische Studien 39), Frankfurt am Main 1991.

Theißen, G., Gruppenmessianismus. Überlegungen zum Ursprung der Kirche im Jüngerkreis Jesu, in: Jahrbuch für biblische Theologie 7, 1992, S. 101–123.

Thyen, H., Juden und Christen – Kinder eines Vaters?, in: E. Blum – Chr. Macholz – E. W. Stegemann, Die Hebräische Bibel und ihre zweifache Nachgeschichte (Festschrift für Rolf Rendtorff zum 65. Geburtstag), Neukirchen-Vluyn 1990, S. 689–705).

Westermann, Cl., Der Segen in der Bibel und im Handeln der Kirche (Kaiser Taschenbücher 122), München 1992.

Wyschogrod, M., The Impact of Dialogue with Christianity on My-Self-Understanding as a Jew, in: E. Blum – Chr. Macholz – E. W. Stegemann, Die Hebräische Bibel und ihre zweifache Nachgeschichte (Festschrift für Rolf Rendtorff zum 65. Geburtstag), Neukirchen-Vluyn 1990, S. 725–736.

Wyschogrod, M., Christologie ohne Antijudaismus?, in: Kirche und Israel 7, 1992, S. 6–9.

Zenger, E., Jesus von Nazaret und die messianischen Hoffnungen des alttestamentlichen Israel, in: W. Kasper (Hg.), Christologische Schwerpunkte, Düsseldorf 1980, S. 37–78 = U. Struppe (Hg.), Studien zum Messiasbild im Alten Testament (Stuttgarter Biblische Aufsatzbände 6), Stuttgart 1989, S. 23–66.

Zenger, E., Israel und Kirche in einem Gottesbund? Auf der Suche nach einer für beide akzeptablen Verhältnisbestimmung, in: Kirche und Israel 6, 1991, S. 99–114.

Bildnachweis

Tafel 1:
Stamm Levi, Glasfenster von Marc Chagall, 1962
Jerusalem Hadassah-Klinik
© VG Bild-Kunst, Bonn 1993

Tafel 2:
Die mystische Mühle. Basilika Ste Madelaine, Vezeley
© Photo Gerald, Vezeley

Tafel 3:
Ekklesia und Synagoge. Bamberger Dom
Foto: Ingeborg Limmer, Bamberg

Tafel 4:
Marc Chagall, Der Prophet Sacharja spricht mit dem Engel, Kohle und Tusche
© VG Bild-Kunst, Bonn 1993

Tafel 5:
Marc Chagall, Psalm 1, Tusche, laviert, auf Japan Papier
Verve Bibel II, Nr. 62
© VG Bild-Kunst, Bonn 1993

Tafel 6:
Marc Chagall, Die Kreuzigung in Gelb, 1992
Musée National d'Art Moderne, Paris
© VG Bild-Kunst, Bonn 1993

Tafel 7:
Abraham mit den Gerechten im Schoß. Bamberger Dom
Foto: Ingeborg Limmer, Bamberg